Berufsorientierung – ein System

Lothar Beinke

Berufsorientierung – ein System

PETER LANG

Frankfurt am Main · Berlin · Bern · Bruxelles · New York · Oxford · Wien

Bibliografische Information der Deutschen Nationalbibliothek
Die Deutsche Nationalbibliothek verzeichnet diese Publikation
in der Deutschen Nationalbibliografie; detaillierte bibliografische
Daten sind im Internet über http://dnb.d-nb.de abrufbar.

Umschlaggestaltung:
Olaf Glöckler, Atelier Platen, Friedberg

ISBN 978-3-631-63481-3

© Peter Lang GmbH
Internationaler Verlag der Wissenschaften
Frankfurt am Main 2012
Alle Rechte vorbehalten.

www.peterlang.de

Vorwort

Die Frage der „richtigen" Berufswahl, d.h. für jeden Menschen den Beruf zu finden, zu dem er geeignet ist, darf nicht verwechselt werden mit der Frage nach einer „gerechten" Berufswahl. Wichtig in dem hier gemeinten Sinne ist eine Abstimmung zwischen den Fähigkeiten eines Menschen und den in einem Beruf geforderten Tätigkeiten. Eine gelungene Berufswahl in diesem Sinne entspricht einer Übereinstimmung zwischen den individuellen Fähigkeiten und objektiv vorgegebenen Anforderungen. Eine derart definierte Wahl setzt das System einer prästabilisierten Harmonie voraus, von der man behaupten darf, dass es sie – zumindest in bekannten historischen und gegenwärtigen Gesellschaften – nicht gibt.

Eine „richtige" Berufswahl ist gerade deshalb auch hier in Anführungszeichen gesetzt, da sie mit einer weiteren Bedingung verknüpft werden muss: wie und in welchem Verhältnis sind Anpassungsleistungen zu erwarten und zu erbringen, die zu einer Berufswahlabstimmung, die zu einer zumindest relativen Zufriedenheit sowohl bei der Ausbildung als auch bei der Berufsausübung führt und die – wenn nicht lebenslang – doch über weite Teile des Berufslebens die für die Betreffenden notwendige Einkommenssicherung garantiert.

Damit dieses Vorhaben verwirklicht werden konnte, bedurfte es einer verständnisvollen Lektorierung durch den Verlag Peter Lang, für die ich mich bedanke. Die Arbeit der Manuskriptherstellung, in der historische Texte, gegenwärtige Auseinandersetzungen und neue Texte miteinander und nacheinander zu erledigen waren, übernahm Gisela Wacket, der ich dafür ausdrücklich danke.

Mein Dank wäre sehr unvollständig, wenn ich nicht auch meiner Frau danken würde, die begleitend zu der Arbeit am Text sich als kritische Partnerin erwies.

Lothar Beinke

„Berufsorientierung lässt sich nicht mehr in der Abgeschiedenheit eines Faches behandeln. – (Es) bedarf ... neuer Kooperationsformen von Schulen, Betrieben, Eltern,
Berufsberatungen ... (und) deren Institutionalisierungen und Vernetzung."

(Gerd-E. Famulla, Berufsorientierung als Prozess)

Inhaltsverzeichnis

Abschnitt I
Die Systemsicht auf die Berufsorientierung

Die Jugendlichen als Adressaten der Berufsorientierung

Am Anfang soll ein ausführliches Inhaltsverzeichnis einen ersten Einblick in die Einflussvarianten innerhalb der Berufswahl geben. Die Lage, in der sich die jungen Menschen in der Berufswahlsituation befinden, hat sich derart geändert, dass uns ein erster einleitender Überblick wichtig erscheint.

Wenn man Berufswähler oder Jugendliche fragt, wer die Entscheidung für ihren Berufswunsch getroffen habe, so antworten sie überwiegend, dass sie die Entscheidung allein getroffen hätten. Sie gestehen aber ein, dass ihre Entscheidung durch verschiedene Informationen von den verschiedensten Informationsagenten wenn nicht herbeigeführt, so doch beeinflusst oder mitbestimmt wurde. Die jungen Menschen wehren sich mit dieser Aussage, die ihre Selbständigkeit bei der Findung ihrer eigenen Berufsausbildung nicht ernst nimmt, gegen Vorschläge, denen sie – gerade auch in der Phase der Adoleszenz, in der sie sind – sich aussetzen sollen. Sie vermuten, ihnen werde nicht zugetraut, sie seien allein gemeinhin nicht in der Lage, für ihre eigenen Belange einzutreten. In diesem Falle bedeutet das, dass sie ihre Fähigkeiten nicht darauf einzuschätzen vermögen, ob diese ihren Berufswünschen (Neigungen) entsprächen. Sie möchten nicht – am wenigsten von Fremden, auch wenn diese mit ihrer Sachkompetenz argumentieren – fremdbestimmt werden. Da sie trotz dieser Haltung in der Berufswahlfrage, die bestimmend für ihr Leben sein wird, unsicher sind und sich der Schwierigkeiten einer richtigen Entscheidung durchaus bewusst sind, bleiben sie trotz allem offen für Empfehlungen und Beratung. Aber ihre Skepsis bleibt, wenn ihnen bestimmend oder nachdrücklich fordernd von anderen die Weichen für ihren Lebensweg vorgeschrieben werden sollen. Das zeigt die Wandlung der Beziehungen zu ihren Eltern. Eine Berufevererbung wird kaum als Lösung akzeptiert und immer weniger von den Eltern vorgeschlagen – zum Leidwesen von Besitzern von Familienbetrieben, die den Untergang eines Lebenswerkes befürchten.

Diese Haltung der Jugend ist neu. Sie ist erst in den letzten Jahrzehnten in die Entwicklungen jugendlichen Selbstbewusstseins gedrungen. Frühere Berufseinstiegsmechanismen waren teilweise wie selbstverständlich durch den Stand, in den sie geboren wurden, oder durch die Familie, in der sie aufwuchsen, entscheidend geprägt.

- Die kurze Zeit, in der sich die Entwicklung vollzog, kann man zeitlich bestimmen mit den Reformbemühungen nach dem 2. Weltkrieg.
- Die Gründung des Deutschen Ausschusses für das Erziehungs- und Bildungswesen, besonders mit dem Gutachten zur Reform um die Volksschule zur Hauptschule, markiert einen entscheidenden Strukturwandel.

- Mit ihr begann der Auftrag zur Übernahme der Einführung in die Berufs-
  und Arbeitswelt.
- Die kritischen Analysen der Dualen Ausbildung – neben anderen die
  Bände der Hamburger Lehrlingsstudie, die zum Berufsbildungsgesetz
  (BBiG 1969) führten – waren die Stationen der Veränderungen.

Man erkannte die Brisanz der alten Strukturen und suchte nach neuen Wegen.
Schwierig wurde die Ablösung der alten (geglaubten) Sicherheit in den festen
familialen Strukturen und den Produktionsstrukturen. Die neue Reform brachte
Probleme durch neue Aufgaben und Erkenntnisse in der Technik, in den Wis-
senschaften, in den gesellschaftlichen Veränderungen mit neuen Techniken in
Arbeit und Bedienung und globalen Erweiterungen der Beziehungen.

Aus diesem Grunde ist es auch heute noch verständlich, dass die Jugendlichen zwar sich selbst als die Entscheider sehen und als solche Beachtung finden
möchten, dass sie aber auch noch durch ihre engere Umgebung – durch die Familie, in der sie leben und zumindest bisher weitgehend aufgewachsen sind –
bestimmt sind. Sie haben den behüteten Raum verlassen und verloren.

Elterneinfluss

Der Elterneinfluss ist auch Änderungen ausgesetzt, denn es sind gerade die genannten Bindungen, die auch den Prozess der Berufswahl bestimmen, die uns zu
diesen Überlegungen führten. Was ist geblieben? Der erste Einfluss und damit
der Basiseinfluss, der seine Legitimation und seine Wirksamkeit aus den emotionalen Bezügen, sozialen Strukturen und Bindungen ableitet.

Die Eltern und andere Familienangehörige machen die Wirkung der emotionalen und sozialen Bezüge auf die Berufsentscheidung geltend. Es ist jedoch
notwendig, auch hier schon derart zu differenzieren, dass ein Einfluss auf Berufsfindung und Berufswahlunterstützung nicht allein aus emotionalen Bindungen hervorgehen kann. Die jungen Menschen erwarten bei der Lösung dieser für
sie wichtigen Phase, dass die Wirkungen in jedem Falle über die Emotional-
beziehungen hinausgehen, dass auch – wenn auch in einigen Fällen nur marginal
bestimmbar – Sachkompetenz für dieses Thema in diesen Gruppenstrukturen erkennbar sein muss. Deshalb orientieren sich – es zeigt sich, dass durch die berufliche Emanzipation der Frauen hier Änderungen entstehen – sowohl Mädchen
als auch Jungen bei ihren Vätern, da sie hier ein größeres Potential von Berufserfahrungen ausmachen.

Freundeseinfluss

Als dritten neuen Faktor in einem neuen Einflusssystem sind die Freundeseinflüsse – die Wirkungen der Peer-groups – zu behandeln. Wie in der allgemeinen
Peer-group-Forschung festgestellt, strukturieren auch sie sich um das Thema Berufswahl im Wesentlichen aus den im engeren Sinne Freundschaftsbeziehungen,
wobei man hinsichtlich der Wirksamkeit von zwei Peer-groups ausgehen muss,
deren Einflüsse auf die Berufswahl unterschiedlich zu beurteilen sind.

Das sind

1. die Freundeseinflüsse, die als erweiterte Geschwisterbeziehungen bezeichnet werden können: Freundschaftsbeziehungen von jungen Menschen, die sich überwiegend aus ihrer Altersgleichheit, in jüngeren Jahren
   auch Geschlechtsgleichheit, gemeinsamem Schulbesuch und – mit letzten
   korrespondierend – Beziehungen aus oder in dem Wohnumfeld zusammensetzen;
2. Peer-group-Bildungen, die hinsichtlich des Einflusses auf Berufswahlein-
   flüsse oder -wirkungen von geringerer Bedeutung sind; sie sind durch besondere außerfamiliäre Organisationsformen entstanden (wie z.B. aus
   Sportvereinen oder Gesangsvereinen), aber auch aus kürzerfristig sich
   bildenden Interessengruppen entstehen und zusammensetzen und ihre
   Bindung und ihre Interessenbildung aus der Gemeinsamkeit der übergeordneten Organisationseinheit finden.

Für die erste Kategorie von Peer-groups, die hinsichtlich ihrer emotionalen Wirkung den familialen Bedingungen ähnlich sind, gilt auch der oben dargestellte
Aspekt der vermuteten Sachkompetenz. Neben der Wirksamkeit der anderen genannten Faktoren spielt er eine Rolle. Die Peer-groups bilden sich kaum aufgrund der Wünsche, von den Freunden Berufswahlinformationen zu erhalten.
Wenn jedoch affine Interessen auf Berufsinformationen und Arbeitsorientierun-
gen wahrgenommen werden, werden sie von den Jugendlichen auch als integra-
ler Bestandteil der Freundschaftsbeziehungen interpretiert.

Unterrichtseinflüsse/Lehrer

Die bisher genannten Einflussgruppen lassen sich kurz definieren als die Gruppe
derjenigen, die ihre Wirkung aus engen sozialen Beziehungen, verwandtschaftli-
chen Strukturen und emotionalen Bindungen herleiten. Da die Berufswahl letztlich über diese Einflüsse und über diese Systeme hinausreicht und hinausreichen
muss, muss diese nächste Einflussgruppe auch dadurch definiert sein, dass sie
sowohl strukturell als auch sozial und emotional einerseits über die erste Gruppe

hinausreicht, d.h. weiter gefasst ist, damit auch mehrere personale Beziehungen einschließt, als auch enger wird und auf die gezielte Thematik der Berufswahlentscheidung hinführt. Diese Gruppe ist außerdem institutionell gebunden und die Bedingungen von Unterrichten und deren Organisation in Schulen setzen ihnen Grenzen.

Die Schulen sind die allgemein bildenden Schulen und die Einflüsse der Lehrer in ihnen. Aufgrund des Gesamtsystems Schule sind eine Fülle von Intentionen, Absichten und Zielsetzungen zu beachten.

Letztlich endet zwar Schule stets an der Schwelle oder Vorschwelle zur Erwachsenenwelt und leitet damit zur Berufs- und Arbeitswelt über. Aber längst nicht alle Segmente des Gesamtsystems lassen sich auf die Förderung der Berufswahlfähigkeit reduzieren.

Berufsberater

Berufsberater sind diejenigen Bediensteten, die für die „Einzelberatung" zuständig sind. Sie bilden das klassische Kernstück der Berufsberatung.

Die Berufsberatung unterscheidet zwischen der Erteilung von „Rat" und „Auskunft". Die letzteren sind rein sachliche Informationen auf konkrete Fragen ohne Rücksicht darauf, ob der Ratsuchende die Berufsberatung noch über die bloße Auskunft hinaus in Anspruch nimmt. Im Allgemeinen wird Auskunft gewünscht von Personen, die konkrete Berufsvorstellungen haben, diese fundieren oder ergänzen wollen, oder sie anhand der von der Berufsberatung vermittelten Informationen noch einmal überprüfen wollen.

Unter einem Rat haben wir dagegen Information zu verstehen, die bereits in Beziehung gesetzt ist zu dem einzelnen Ratsuchenden und dessen persönliche Verhältnisse berücksichtigt. Hier liegt der eigentliche Ansatzpunkt der Einzelberatung. Dazu bedient sich die Berufsberatung auch der Unterstützung durch die Schule, welche die dazu genormten Informationsbögen ausfüllt und der Berufsberatung vertraulich zur Verfügung stellt. Unterstützt durch die Schulen gehen Berufsberater auch zu fest eingerichteten Sprechstunden in die Schulen.

Berufsinformationszentren (BIZ)

Als institutionelle Neugründung entstanden Berufsinformationszentren – inzwischen flächendeckend – als Selbstinformationseinrichtung für Schülerinnen und Schüler auch mit ihren Eltern. Die Beratungen und Informationen erfolgen dort nonpersonal[1] mit Hilfe von verschiedenen Medien. Im Laufe der Entwicklung

---

1   Es stehen Hilfskräfte für die grobe Orientierung in den Einrichtungen zur Verfügung.

16

wurden Klasseneinführungen ergänzt, an die dann die Besuche der Medienabteilung anschließen.

Betriebserkundungen

Diese haben in den allgemein bildenden Schulen traditionell einen Platz, die heute zusätzliche Maßnahmen der Berufsorientierung als Klassenbesuche aufnimmt. Sie sind aber abgegrenzt durch ihre spezifische Zielsetzung von Besichtigungen und Klassenfahrten.

Betriebspraktika

Praktika als didaktische Institution der Berufsorientierung gelten allgemein als der zentrale Ort der Berufsorientierung in der Schule. Sie sollen als individuelle strukturierte Veranstaltungen am außerschulischen Lernort Betrieb in unmittelbaren betrieblichen Praxiskontakten[2] besonders der Berufswunschkontrolle dienen.

Warum ein System der Berufsorientierung?

Berufswahl betrifft jeden, sie erreicht jeden, ob früher oder später. Nach dem Abschluss der allgemein bildenden Schule, auch nach der Hochschulreife ist jeder Mensch in Deutschland aufgerufen, wenn er für seinen Lebensunterhalt selbstverantwortlich sorgen kann, will oder – meistens – muss, eine regelmäßige Tätigkeit – eine berufliche Tätigkeit zu ergreifen – zu der bei der Struktur unserer Arbeitswelt eine formalisierte Ausbildung Voraussetzung ist. Neben einigen Berufen, die über eine schulische Ausbildung erreichbar sind, werden überwiegend Ausbildungsverhältnisse im so genannten Dualen System nachgefragt und angeboten.

Die Vielfalt der Tätigkeiten entspricht einer Vielfalt der Berufe und der Ausbildung zu ihnen. Diese Vielfalt produziert Unübersichtlichkeit und Unsicherheit darüber, welcher Beruf der am besten geeignete jeweils ist. Die Tatsache, dass die Arbeitswelt in Berufe gegliedert ist, denen spezifische Tätigkeiten entsprechen, hat seit den Anfängen die Frage nach der „richtigen" Berufswahl aufgeworfen. Und damit auch die Frage, *für wen* die richtige Berufswahl? Folgt man den gegenwärtigen Diskussionen darüber, scheint es unzweifelhaft das Interesse und scheinen es unzweifelhaft die Möglichkeiten und Eignungen der Ju-

---

2   Auf die Besonderheiten einschließlich der Probleme wird in den Kapiteln hingewiesen.

gendlichen zu sein, nach denen diese Frage entschieden wird. Das war aber nicht immer so.

Die Auseinandersetzung um eine Verbesserung der Berufsorientierung wird nicht zentral gesteuert, sondern ist durch eine ungewöhnliche Bandbreite gesellschaftlich-politischer Auffassung gekennzeichnet. Eine Reihe von Gremien und Institutionen bestimmen dabei die Richtung, wenn auch ihre Vorstellungen zum Teil kontrovers angelegt sind. Durch diesen Pluralismus jedoch wird garantiert, dass auf der einen Seite im theoretischen Bereich die notwendigen Reformen nicht nur vorangetrieben werden, sondern über die Ausbildung in der Schule auch in dem Zusammenhang der beruflichen Bildung einbezogen werden.

Der Reformgedanke zur Aufrechterhaltung des Pluralismus bzw. der Fülle von systemrelevanten Beiträgen zur Berufsorientierung kann ein ganz wichtiger Aspekt für das System sein.[3]

Im Verlauf der Ausführungen werden wir auf diese Fragen eingehen. Es wird eine historische Art und Weise sein, nicht nur, um darauf hinzuweisen, dass es sich um ein dem System der Berufswahl adäquates Thema handelt, das die Berufswahl als ihren ständigen Begleiter zu verstehen hat, sondern auch um die schrittweisen Lösungszwänge zu begründen, die in einer solchen Entwicklung liegen. Aber der historische Grundriss vermittelt auch die Einsicht, dass letztlich eine endgültige Lösung nicht zu finden sein wird. Gäbe es eine solche, würde sie bestimmt mit dem Postulat der Freiheit der Berufswahl kollidieren.

Obwohl aber die historische Herangehensweise dazu verleiten könnte anzunehmen, es habe – wie gegenwärtig – auch immer die Auseinandersetzung mit der Vielzahl der Aspekte gegeben, die diesem Problem zu Grunde liegen, kann man mit ihr auch nicht belegen, dass sich die Versuche zur Lösung der Schwierigkeiten immer um ein allgemein gesellschaftliches Problem drehen.

Während heute die Zahl der Beratungsinstanzen und die Informationssysteme – auch der selbsternannten Berater – groß ist – ja ständig zu wachsen scheint und damit eine neue Unübersichtlichkeit und Unsicherheit produziert wird – blieben die Betroffenen früher i.d.R. sich selbst überlassen. Sie wurden z.T. ungezielt unter Berücksichtigung der systemfremden Interessen informiert ohne Hinweis auf die Möglichkeiten der Informationsoptimierung durch Kooperationen. Da die Entwicklung zu einer Vielzahl der Beratungsbemühungen geführt hat, ist es erforderlich, der heraufziehenden neuen Unübersichtlichkeit durch eine systematische Übersicht zu begegnen.

---

3   Beinke, Lothar (1978), Diskussion um die Lernorte, in: Beruf + Bildung, Heft 9, 26. Jg., S. 6-8, hier S. 8.

Das ist die Absicht der folgenden Darlegungen. Man kann sie bezeichnen als den Versuch eines Konzeptes, die Berufsorientierung als (komplexes) Informations- und Beratungssystem zu definieren, das von der Phase des Informationssammelns und der Informationssuche zur Entscheidung führt.

Es lässt sich gliedern in Subsysteme, mit denen die Informations- und Ratgeber darstellbar werden. Es sind dies:

- die Eltern
- die Freunde
- die Schule konkretisiert im Unterricht und in den Unterrichtenden
- die Agentur für Arbeit mit den Berufsberatern, den Berufsinformationszentren und den Printmedien
- das Internet
- das Betriebspraktikum und
- andere Formen praktischer Tätigkeit

Dabei sind nach verschiedenen Methoden der Vermittlung der Informationen Untergruppen zu bilden:

- die personalen, affirmativen Quellen: die Eltern und die Freunde
- die fachstrukturellen, systematischen, rational argumentierenden: die Agenturen für Arbeit
- die technischen: das Internet
- die didaktischen: die Lehrer/Schule
- die praxisorientierten: das Betriebspraktikum
  (auch unter didaktischen Gesichtspunkten) und andere Praxis

Sie sollen in ihren Erscheinungsformen und in ihrem Wirken dargestellt werden, d.h. mit ihren spezifischen Möglichkeiten.

So wird deutlich, dass die Jugendlichen

- zu Eltern und Freunden emotionale Zugänge haben und suchen,
- Praktika durch die unmittelbare aber nicht durchsichtige Konfrontation ohne Allgemeinheitsanspruch auffassen können,
- die Agenturen für Arbeit durch Professionalität und Selbstinformationschancen fachliche Exaktheit ohne Verantwortungsübernahme ansprechen
- und im Internet als vorsortierende Technik ohne Auswahlkriterien eine bunte Mischung mit unsystematischer Streuung in Fülle finden.

Vor der Entscheidung, auf die es ja letztlich ankommt, steht der Jugendliche allein, gestützt durch personale Nähe von Eltern und vielleicht auch von Freunden. So scheint die Fülle – die Umfänge der Beratung – erfolgreiche Entscheidungen zu produzieren. Doch das scheint nur so. Die Zahl der Beratungsinstanzen und die Informationssysteme ist groß – scheint ständig zu wachsen und damit eine neue Unübersichtlichkeit und Unsicherheit zu produzieren. Die Entwicklung hat zu einer Vielzahl der Beratungsbemühungen geführt. Es ist deshalb erforderlich, der heraufziehenden neuen Unsicherheit durch eine Übersicht zu begegnen.

An einem Beispiel sei der Umgang eines Berufswählers mit den angegebenen Möglichkeiten illustriert: Wir wissen, dass die Eltern wichtige – und frühe – Informanten sein können. Die Ergebnisse erster Gespräche mit ihnen werden anhand der gewonnenen Erkenntnisse im BIZ und in einer Kontrolle bei Internetrecherchen konfrontiert und geprüft. Im Betriebspraktikum werden Illusionen aufgegeben, die mit den Mitschülern (Freunden) diskutiert werden. Von den Eltern werden zuletzt Zustimmungen erwartet.

Bei all dem ist wichtig, nicht nur die eine, unzweifelhaft richtige Entscheidung zu treffen. Berufswahlen sind korrigierbar und die Konditionen der Berufsausbildung sind – von beiden Vertragspartnern – gestaltbar. Gestaltung heißt hierbei auch, zumindest partiell: Anpassung. Ausbildungsverträge sind echte Verträge, keine verordneten Bestimmungen. Die Berufswahl ist frei und die Berufsausbildung innerhalb der Ausbildungsordnungen auch frei.

Der immer noch gravierende Ausbildungsabbruch – der Vertragslösung von Ausbildungsverträgen – fordert die weitere Behandlung der Berufsorientierung.

Es entsteht die Frage, ob alle Bemühungen in einer Kalamität stecken, die den gesamten Prozess von seinen Anfängen her bestimmt: Die Wünsche und Zugeständnisse an grundsätzlich alle Berufswähler, ihnen sei die Freiheit der Berufswahl offen. Aber auch die exakte Prüfung von Fähigkeiten, Befähigungsstrukturen, Eignungen und Wünschen in der Form der Neigungen, die sorgfältige Prüfung der praktischen Bedingungen, dem Streben nach höheren Formalqualifikationen schaffen keine Garantie unter den Zwängen der Ausbildungs- und Arbeitsmärkte für das Erreichen eines optimalen Suchergebnisses. Dazu tragen auch die sehr vielen und umfangreichen Programme und Projektgestaltungen von einzelnen Schulen nur in geringem Maße bei.

Wird der so erstrebte und sorgfältig erarbeitete Berufszugang auch plausibel relativiert durch einen – auch empirisch belegten – Befund, es gäbe durchaus eine Fähigkeitsbreite, nach der auch in anderen Berufen erfolgreiche Ausbildung möglich sei, in denen auch berufliche Karrieren realisiert werden können. Wird der Berufswähler damit konfrontiert, dass er „seinen" Beruf nicht erreichen kann

– keinen Ausbildungsplatz darin findet –, dann entsteht zunächst eine Frustration. Deshalb gilt es, schon im Prozess der Berufsorientierung auch auf diesen Umstand hinzuweisen. In der Abstimmung des funktional differenzierten Beratersystems liegt eine solche Chance, deren Wert von allen Beteiligten gesehen werden muss.

Wir möchten mit einem – aus der Realität gewonnenen – Exempel auf dieses Problem bei Nichtabstimmung aufmerksam machen:

Es gibt Stimmen aus professionellem Munde – also von Berufsberatern und leider auch von Lehrern – die den Eltern keine Fachkompetenz in Fragen der Berufsorientierung zugestehen und ihnen deshalb falsche Beratung unterstellen. Dabei wird besonders den Eltern einerseits die Funktion ihrer emotionalen Stützung bestritten, andererseits die Suche der Jugendlichen nach dieser Emotionalität in der Last der Rationalität der Sachberichte und der damit verbundenen Hochschätzung der elterlichen Hilfe ignoriert. Darin wird eine monopolistische Sicht der professionellen Beratung erkennbar.

Es gibt auch noch Stimmen, die eine solche nahezu monopolistische Haltung einnehmen. Sie sind auf den Primat des Praktischen gestoßen. Ursprünglich verabsolutierte sich aus dem Unvermögen oder der Unsicherheit dem Thema gegenüber der Drang zu Praktika. Die Einrichtung von Praktika und immer mehr Praktika entlastet besonders die Schule von eigenen Anstrengungen. Wir können hier nicht auf die vielen illusionären oder diskriminierenden Versuche und Ansätze eingehen, die inzwischen aufgetischt werden.

Im Kern liegt aber folgendes Problem:

Die Lehrer (mit den Ausnahmen der spezifisch ausgebildeten Fachlehrer, aber von denen gibt es wenige – zu wenige) sind nicht entsprechend qualifiziert, von den Universitäten nicht ausgebildet, einen fachgerechten Berufswahlunterricht zu erteilen. Dabei ist es nicht nur ein Versäumnis der Universitäten, es liegt auch an den Bewerbern. Dass deren Zahl für diese Aufgabe gering ist, ist auch der allgemein in unserem Bildungswesen zu findenden Abstinenz vor der Vermittlung wirtschaftsbezogener Inhalte zu erklären. Da kommen die Praktika als Ausrede gerade recht. Und wenn sich die gewünschten Ergebnisse nicht einstellen, fordert man weitere Praktika, längere Praktika und beruft sich noch auf das Votum der Schüler nach Praktika und Praxistagen – eine besonders perfide Form der Flucht vor der wirklichen Berufsorientierung. Man versucht dann lieber eine Annäherung an die „Praxistage in der Produktion" à la Polytechnik in der DDR. Es kommt den Pädagogen gar nicht in den Sinn, dass es einer inneren massiven Kritik der Schüler entspringt, wenn sie von der Schule keine adäquate

Information über das für sie so eminente Thema der Berufswahlorientierung erwarten. Und dann zeichnet sich noch ab, dass beamtete Lehrer die Betreuung der Praktika Sozialpädagogen oder Sozialarbeitern überlassen.

Es ist gar nicht mehr zu übersehen, dass es eine große Zahl von Berufsorientierungsmaßnahmen und Verordnungen, Modellen und Versuchen gibt. Aber es wundert auch nicht, wenn man die Ergebnisse betrachtet, dass der Übergang von der Schule in den Beruf in einem weiterhin desolaten Zustand ist.

Warum sind die seit der Einführung der didaktisch eingestellten Berufsorientierungen kritisierten und mit erheblichem Aufwand geförderten Maßnahmen zur Verbesserung der Ergebnisse noch immer nicht auf dem Level, dass die Gegenwart nicht nur weiterhin Problemlösungen nachjagt, sondern mit steigendem Aufwand sogar neue Disparitäten begegnen muss?

Es scheint, dass die Berufsorientierung nicht von allen als eine komplexe Aufgabe verstanden wird, die alle Beteiligten und Betroffenen nur gemeinsam, d.h. miteinander, nicht gegeneinander befriedigend lösen können. Dabei hat jede der beteiligten Institutionen, jede der angesprochenen Personen, jede benutzte Methode ein ihr/ihm eigenes Gewicht, das zur Optimierung des Ganzen eingesetzt werden muss. Eifersüchteleien, Anspruch auf Prioritäten, Hierarchisierungen sind alle fehl am Platze. Mit anderen Worten, der Prozess der Berufsorientierung ist als System zu entwickeln. Dazu sollen die folgenden Kapitel einen Beitrag leisten, in denen sie die einzelnen Teile dieses Systems ausführlicher darstellen.

Das Konzept einer Berufsorientierung als System haben wir in drei Abschnitte unterteilt, in denen seine Struktur und seine Funktionen erkennbar werden sollen:

Nach der Übersicht über die Faktoren, die in diesem System neben und/oder nacheinander wirksam werden, sind im zweiten Abschnitt die Bedingungen dargestellt, unter denen sie die ihnen möglichen Funktionen einzubringen vermögen: Die Diskussion um die Eignung und die Eignungsfeststellung, die ökonomischen Verhältnisse, in denen sich Berufe konkretisieren können, als Fundierung die historische Entwicklung. Die Relevanz für die Berufswahl spielt dabei die gewichtige Rolle. Darum schließen wir die Diskussion um die zwei maßgeblichen Lernorte im Dualen System, das die Jugendlichen zur Ausbildung aufnimmt.

Der dritte Abschnitt behandelt die Wirksamkeit der Institutionen, die für die Berufswähler von Relevanz sind. Dazu wurde zur besseren Verständlichkeit in den Fällen, in denen wir es für erforderlich hielten, deren Genese eingeschlossen.

Wenn wir die Berufsorientierung als System auffassen, wird die Forderung nach strikter Einbindung in den Unterricht erweitert in dem Sinne, dass zur Erreichung der Ziele, die im Betriebspraktikum fokussiert sind, nicht nur dieses selbst und seine unterrichtliche Einbindung verantwortlich ist, sondern auch die anderen Faktoren, die nicht alle dem Postulat der rationalen Information und der auf Rationalität sich beziehenden Entscheidungsfähigkeit eingestellt sind. In diesem Sinne wird die Menge der Informationen, die bereit stehen, zu einem stratifizierten Informationspool, auf dessen Nutzung vorbereitet werden muss.

An ihn wendet sich interagierend der Informationssammler. Er tritt in verschieden weitreichenden Kontakten zu ihm ein, die er nach seinen Entscheidungen weiter führt oder abbricht und evtl. bei dem von ihm ermittelten Bedarf wieder aufnimmt. In dieser begrifflichen Fassung tauchte der Systemgedanke schon früher zu der Frage auf, wie die Zugriffschancen der Berufswähler als größerer Zusammenhang gedeutet werden können.

Erste Systemansätze in der Berufsorientierung

Bereits in der Konferenz von 1927 über Berufswahl in der Schule postulierte Hellpach in seinem Grundsatzreferat einen Systemansatz der Berufsorientierung. „Es ist klar, dass die erwachsene Umgebung sich aus dem Elternhaus und der Schule zusammensetzen"[4], denn so müsse der Jugendliche mit den Erwachsenen die Verantwortung teilen. „Die Voraussetzung dafür ist eine gemeinsam gefundene Klarheit über drei Tatbestände." Hellpach zählt auf: Die Familie, die Schule und die Berufsberatung. Der Gedanke, das Angebot an Beratung und Information zu systematisieren, das hier weiter geführt wird, kann sich auf frühere Ansätze gründen und diese weiter entwickeln. Ich möchte sie hier vorstellen und beurteilen.

Die Überlegungen von Paul Lazarsfeld,[5] die Berufswahlphase von einem Jahr bewirken bei den Berufswählern – unter Veränderungen, also nicht als kontinuierlichen Prozess – dass sie die aufgenommenen Informationen durch Anpassung verarbeiten. Sie verändern darin ihre Zielvorstellungen, je nach der Einsicht in die Informationswerte. Lazarsfeld entwickelt damit ein System des Nacheinander – aber auch des Unverzichtbaren. Es sollte gelingen durch die konkrete inhaltliche Gestaltung der Beratung.

In jüngerer Zeit schlägt Dibbern[6] (1979) vor, eine integrative Konzeption der Berufswahlvorbereitung zu entwerfen. Sie wird beschrieben als Kombina-

---

4   Vgl. Hellpach, Willy (1927), Die Schule im Dienste der Berufserziehung und Berufsberatung, in: Handbuch Die Aufgabe der Schule auf dem Gebiet der Berufserziehung und Berufsberatung, Berlin, S. 11.
5   Vgl. Lazarsfeld, Paul (1931), Jugend und Beruf, Jena.
6   Vgl. Dibbern, Harald (1979) Berufswahlvorbereitung und Arbeitslehre unter Berücksichtigung von Berufs- und Bildungsberatung, Bonn, S. 86 ff.

tion von Berufswahlunterricht mit medialer Unterstützung, Betriebserkundungen, Zusammenarbeit mit Berufsberatern und dem Einsatz der Medien, der Arbeitsagentur und den BIZ-Besuchen. Außerdem ist ein Betriebspraktikum als Abschluss für die Begründung dieser integrativen Konzeption einer Personalkooperation von ihm entworfen.

Hopf[7] erwartete bereits 1984 von ihrem sehr ähnlichen Modell positive Auswirkungen als Folge der strukturellen Vorgabe für den Berufswahlunterricht und seinen zielgerichteten Einsatz.

Und ich schrieb 1992,[8] dass erst das Zusammenspiel aller Beratungs- und Sozialagenten zu einem bestmöglichen Ergebnis der Berufsorientierung und Berufswahl führt. Familie, Schule und Berufsberatung werden dabei als die wichtigsten Institutionen zur Berufswahlvorbereitung und Berufsorientierung beurteilt. Im Gegensatz zur Familie haben jedoch Schule und Berufsberatung einen formellen Auftrag zur Berufswahlvorbereitung gemäß den länderspezifischen Schulgesetzen und Rahmenplänen bzw. dem Sozialgesetzbuch (SGB), deshalb kann die Rolle der Familie und ihrer Mitglieder als Katalysator innerhalb dieses Systems gesehen werden.

Durch die Annahme der Möglichkeit lernsequentieller Einbindung von Beratungsstellen zur Unterstützung nicht nur der Informationsphasen in der traditionellen Berufsberatung, sondern auch in den Selbstinformationszentren, soll der Nachdruck auf die Eigentätigkeit der Berufswähler gelegt werden. Aber auch die Überprüfung individueller Wertemuster von Berufskarrieren und Berufsbildern würde bei der Lösung helfen. Eine höhere quantitative Nutzung des Informationsangebotes geht einher mit einer stärkeren Orientierung der Informationssuche an den eigenen Zielen und das Informationsverhalten wird dadurch wesentlich besser strukturiert.[9]

Bei Dedering[10] kommen 1994 systemtheoretische Ansätze zur Berufswahlorientierung vor. Er fasst sie zusammen als „Kooperativen Berufswahlunterricht" und sieht darin eine „Beteiligung einer Bildungsberatung".[11]

Unter dem kooperativen Berufswahlunterricht versteht er die Zusammenarbeit der Bundesagentur für Arbeit und der Schule auf dem Gebiet der Berufsberatung.

---

7   Vgl. Hopf, Barbara (1984), Mein Traumberuf – Analyseergebnisse aus Schüleraufsätzen, in: DBA Heft 3, S. 16.

8   Beinke, Lothar (1992), Berufswahlunterricht, Bad Heilbrunn.

9   Vgl. Jeromin / Kroh-Püschel (1978), Reduktion der Informationsreduktion von komplexen Entscheidungen, Mannheim.

10   Dedering, Heinz (1994), Einführung in das Lernfeld der Arbeitslehre, München/Wien.

11   Ebenda, S. 323.

Durch den Ansatz von Schudy[12] erscheint dann schließlich 2008 die Möglichkeit, ein Subsystem im System Berufsorientierung aufzubauen. In diesem Falle hätte dieses Subsystem zur Integration drei Aspekte:

- Informationen über Berufsfelder und Tätigkeitsprofile und Strukturen des Arbeitsmarktes
- Einblicke in strukturelle Spezifika beruflicher Arbeitsabläufe und -anforderungen
- Vermittlung berufsorientierter Basisqualifikationen

In dem Programm „Schule – Wirtschaft/Arbeitsleben" hat Famulla[13] ebenfalls 2008 die Berufsorientierung als Prozess behandelt. Danach lässt sich Berufsorientierung

> „...nicht mehr in der ‚Abgeschiedenheit' eines Faches behandeln, sondern muss als Herausforderung eines ganzheitlichen Unterrichtskonzeptes ... gesehen werden. Sie lässt sich auch nicht mehr als Vorgabe von scheinbar feststehenden Fakten orientierten Wissensbeständen vermitteln ... Für die nachhaltige Verbesserung der Berufsorientierung bedarf es ... neue Kooperationsformen aus Schulen, Betrieben, Eltern, Berufsberatung usw. sowie deren Institutionalisierung und Vernetzung..."[14]

Das kurz skizzierte Berufswahlsystem von Schmidt-Köhnlein[15] ist in seiner Arbeitsteilung mit der Versorgung von Informationen begründet.[16] Aber weder in der Schule noch bei den Eltern verortet es eine faktische Informationsleistung der Berufsberatung und der Berufsinformationszentren.

Der Berufswahlunterricht erbringe keine einheitlichen Leistungen. Er erbringe zu dieser Aufgabe „modale Informationen", die die „Aufklärung über das Beziehungs- und Leistungsgeflecht des Berufswahlsystems" leisten.[17]

Und was sagt die Bildungspolitik? Im Runderlass vom 01.12.2011[18] heißt es:

---

12 Schudy, Jörg (2008), Berufsorientierung als Querschnittsaufgabe aller Schulstufen und Unterrichtsfächer, in: Jung, Eberhard (Hg.), Zwischen Qualifikationswandel und Marktenge, Hohengehren.

13 Famulla, Gerd-E. u.a. (Hg.) (2008), Berufsorientierung als Prozess, Baltmannsweiler.

14 Ebda. S. 28.

15 Schmidt-Köhnlein, Kristina (2010), Institutionen und Interaktionen auf dem Ausbildungsmarkt – Eine institutionen-ökonomische Analyse und theoretische Neubestimmung der Berufsorientierung, Berlin, S. 25 f.

16 Steffens, Heiko (1975), Berufswahl und Berufswohlvorbereitung, Ravensburg, S. 100.

17 Schmidt-Köhnlein, Kristina, a.a.O., S. 27.

18 Erlass des Niedersächsischen Kultusministeriums zum Thema „Berufsorientierung an allgemein bildenden Schulen" vom 01.12.2011 – 32-81431-VORIS 22 410.

„Zusammenarbeit mit Betrieben, Berufsbildenden Schulen, mit der Berufsberatung der Arbeitsagenturen zur Lernortkooperation

Alle mit den Betrieben durchzuführenden Maßnahmen zur Berufsorientierung müssen inhaltlich und organisatorisch mit diesen abgestimmt werden. Dazu informiert die Schule die kooperierenden Betriebe über die Ziele, Inhalte und Organisation einschließlich der Vor- und Nachbereitung ihrer berufsorientierenden Maßnahmen und stimmt bei Schülerbetriebspraktika und anderen Praxistagen den Einsatz der Schülerinnen und Schüler sowie deren Betreuung durch Lehrkräfte der Schule mit ihnen ab."[19]

Dieser Runderlass ist seit dem 01.01.2012 in Kraft.

---

19   Ebenda, S. 4.

Abschnitt II
Die Informationsagenten

Das BiBB hatte sein Expertenmonitoring von 2008[20] auf die Organisation und Durchführung dualer Ausbildung gerichtet. Die Meinung der Experten sollten als Richtschnur dafür dienen, was ihrer Meinung nach wichtig – teilweise unverzichtbar – sei, wenn die Ausbildung des Nachwuchses erfolgreich sein sollte. Die Items, die der Befragung dienten, sollten einen möglichst breiten Einblick in die Ergebnisorientierung verschaffen. Da in allgemeinen Gesprächen über Urteile zu erfolgreicher Ausbildung eine Vielzahl von Merkmalen genannt wurden, sollte die Aufmerksamkeit durch die Expertenmeinung auf die wichtigsten Aspekte gelenkt werden.

Das BiBB geht dazu von folgendem Tatbestand aus: Für die Organisation und Durchführung der Dualen Ausbildung gibt es viele Merkmale, die zusammen wirken. Die Merkmale des Zusammenwirkens sind aber nicht gezielt aufeinander abgestimmt. Einige sind veraltet, andere vielleicht kontraproduktiv, andere ergänzen einander. Davon sind einige sogar zentral wichtig, andere von geringerer Relevanz. Es muss aber festgestellt werden, welche Merkmale

- insgesamt mitwirken;
- von besonderer Relevanz sind.

Analog dazu sind die Verhältnisse auch in der Berufsorientierung. Auch in ihr spielen viele Merkmale eine Rolle, von denen einige eine höhere Relevanz haben als andere. Grundsätzlich gilt es auch dabei herauszustellen, welche Merkmale auftreten und welche unterschiedliche Bewertung sie – nach durchaus individueller Einschätzung – erfahren oder welche ihnen zugewiesen werden muss. Der Ansatz des BiBB ist informierend, wertend und am Ergebnis ausgerichtet.

In der Begründung für das Monitoring wird herausgestellt, dass Fragen nach einer guten Ausbildungspraxis eine hohe Perspektivengebundenheit haben. Dies gilt durchaus nicht nur für die Ausbildung, sondern auch für die Berufsorientierung. Unter einer hohen Perspektivengebundenheit wird dabei verstanden, dass die Forderung nach Ausbildungsqualität die folgenden zwei Antworten auf zwei Fragen abhängen,

- inwiefern sie als gegeben angesehen wird;
- wen man danach befragt.

Entsprechend sind die Antworten auf die Fragen nach der Ausbildungsqualität verschieden.

---

20   Krewerth, Andreas / Eberhard, Verena / Gei, Julia (2008), BiBB-Expertenmonitoring
     Merkmale guter Ausbildung 2008-

Die Aussagen in dem Monitoring weisen der fachlichen und didaktischen Qualifikation einen höheren Grad von Relevanz zu als den Ausbildern, die für die betriebliche Ausbildung die Verantwortung tragen. Das wird damit begründet, dass der Betriebsalltag auch ohne Vermittlungsversuche durch die Ausbilder eine Vielzahl von Lerngelegenheiten bietet, während der Lerngehalt des Berufsschulunterrichtes stärker von der Erfüllung der schulischen Ausbildung der Aufgaben der Berufsschullehrer abhänge. Dieses Argument kann noch für Betriebspraktika verstärkt gelten, da gerade hier die Erfahrungen allein schon durch die praktische Anwesenheit von den Praktikanten allgemein gesammelt werden können. Für die Einsatzmöglichkeiten für eine Lernortkooperation im Dualen System bedeutet das, dass in jedem Falle im Dualen System die Schule aus den eben genannten Gründen größere Verantwortung trägt. Die Betriebspraxis darf dagegen einen höheren Rang in der Prioritätsskala der Erfolgsanteile einnehmen. Dieser Rang kommt der Betriebsausbildung dadurch zu, weil die Lernprozesse als funktionales Lernen einen immanenten Wert haben, der kaum durch Systematisierung und noch weniger durch schulische Einflüsse geändert werden kann.

Bei genauer Analyse der Ergebnisse fällt natürlich die hierarchische Ordnung auf. In ihr wird in den Bereichen "Inhalte und Methoden" klar, dass es den Experten um die Einbettung des Ausbildungsprozesses in den Betriebs- und Schulalltag geht. Analog dazu kann das auch für die Berufsorientierung im Berufsorientierungsprozess gelten: Die Einbettung der Inhalte und Methoden in den Prozess der Berufswahl (vgl. Tabelle auf der Folgeseite).

Es werden eine Vielzahl von Ansprüchen formuliert, die von den Experten mit unterschiedlichem Gewicht eingeschätzt werden. Dabei kann man nur von den untersten („Lernen durch Zusehen und Nachmachen" – „Ausbildungsteil im Ausland") absehen, da deren Bedeutung für die Ausbildung als untergeordnet eingeschätzt wird.

Ein klares Votum wird mit der Forderung nach der Einordnung der Ausbildungsschritte gegen isolierte Informationsabsichten gegeben, und das zweitplazierte Item fordert einfühlsame pädagogisch geleitete Arbeit. Mit den Forderungen auf Selbständigkeit für die Lernenden werden von vornherein die Lernfreude und die Verantwortungsübernahme postuliert.

Wenn auch die Kritik expressis verbis auf die Ausbildung bezogen wird, so darf man das vierte Kriterium, „echte Arbeit in der Ausbildung" uneingeschränkt auf die Praktikanten in der Berufsorientierung übertragen.

	sehr wichtig	wichtig	eher wichtig	eher unwichtig bis gar nicht wichtig
Einbeziehung in größere Aufgaben	52	44	3	
Akzeptanz bei Fehlern bei neuen Arbeitsaufgaben	45	47	7	
dass die Auszubildenden die Arbeit selbständig planen, durchführen und kontrollieren	38	43	15	4
„echte Arbeit" in der Ausbildung	32	43	15	7
genügend Übungszeit bei neuen Arbeitsaufgaben	32	55	12	1
Auszubildenden abwechslungsreiche Aufgaben zu stellen	31	47	17	4
Möglichkeit, Zusatzqualifikationen zu erlangen	19	47	24	11
selbständiges Lernen im Betrieb mit Büchern oder PC	16	39	33	12
Lernen durch Zusehen und Nachmachen	5	13	32	50
Ausbildungsteil im Ausland	4	18	30	48

Eine besondere Bedeutung der Praktika in der Berufsausbildung ist die Forderung nach „echter Arbeit", deren Rangstufe mit 75% für sehr wichtig und wichtig eingeschätzt wird, und die auch in der Berufsorientierung einen oberen Rang einnehmen müsste. Während von den Ausbildern in den Betrieben von 25% ein entsprechender Umgang mit den Auszubildenden (Praktikanten) in stärkerem Maße gefordert wird, gibt es auch 11% Nennungen, in denen Forderungen an die Berufsschulen gerichtet werden. Was hier von Berufsschullehrern verlangt wird, wird nicht nur als analoge Übertragungsmöglichkeit gesehen, sondern wird weitergeführt, dass auch „frühere Bildungsinstitutionen" insbesondere in weiterführenden Schulen die Jugendlichen vermehrt und intensiver auf den bevorstehenden Wechsel in die Berufswelt vorbereiten müssten.

Mit der Übernahme der Jugendlichen in eine Berufsausbildung stehen die Betriebe in der Verantwortung, die junge Menschen in der Ausbildung zum Er-

---

21   Entnommen dem Expertenmonitoring des BiBB von 2008.

folg führen. Wenn dann von den Betrieben im zentralen Konfliktfeld „Ausbildungsreife" der Vorwurf erhoben wird, diese sei in zu geringem Maße bei Jugendlichen vorhanden und die Betriebe diese Ausbilder auf die Problematik vorbereiten sollen, dann stehen die beiden Systeme einander gegenüber. Es liest sich wie Schuldzuweisungen und hilft nicht, eine Lösung aus dem Dilemma zu finden. Offenbar haben beide wenig Verständnis und zu geringe Kenntnis voneinander. Der Modellversuch „Patenschaften in der Berufsorientierung"[22] wurde eingerichtet, mit spezifischen Informationen einen didaktischen Ansatz zu finden, der

- Barrieren abzubauen hilft und
- die Informationsweitergabe durch Schaffung von Paaren ordnet, die aus einem peer-group-spezifischen Ansatz ohne hierarchische Behinderung auskommt.

Ausgehend von der Problematik, dass „im Übergang von der allgemein bildenden Schule in die Berufsausbildung nicht bei allen Schülerinnen und Schülern der gewünschte Beruf weitgehend feststeht"[23], wird die Verbesserung der Berufsorientierung sowie der Berufswahlentscheidung angestrebt, indem Patenschaften etabliert werden. Das heißt, dass die Praktikanten der allgemein bildenden Schulen während ihres Praktikums durch einen Auszubildenden des Betriebes systematisch betreut werden: Sowohl im Betrieb als auch beim gemeinsamen Berufsschulbesuch. Die Wünsche nach starker Präsenz und klarer Kommunikation sollen hier den Auszubildenden in der Berufsorientierung den Praktikanten Orientierung geben. Diese Funktion nehmen die Paten/die Patinnen in besonders überzeugender Weise wahr.

Unsere Interpretation des Expertenmonitorings weist auf einen der notwendigen Schritte, die auf dem Wege zurückzulegen sind, um ein System zu etablieren, in dem zur effektiveren Gestaltung der Berufsorientierung Möglichkeiten von allen Subsystemen am und im Prozess der Berufsorientierung ihren Anteil einbringen können. Sie sind im Folgenden Gegenstand unserer Darstellung.

---

22 Modellversuch des Kultusministeriums Niedersachsen – BBS Pottgraben, Osnabrück, Beginn 2011.
23 Vgl. Beinke, Lothar (2010) Patenschaften in der Berufsorientierung, in: Wirtschaft und Erziehung, Heft 5, Jg. 62, S. 142-147.

Wirkung der Einflüsse auf die Berufsorientierung/ Berufswahl

Auch wenn in den letzten Jahren zahlreiche Programme, Aktivitäten und Agenden zur Unterstützung von Jugendlichen bei der Einmündung in die Berufs- und Arbeitswelt initiiert und mit Erfolg realisiert wurden, bleibt weiterhin Handlungsbedarf. Die Unterstützung von Jugendlichen bei ihrer beruflichen Orientierung und Planung bleibt ein dringliches Handlungsfeld, denn immer noch – nicht nur bei den Jugendlichen so genannter „Problemgruppen" – sind Probleme bei der Einmündung in die Berufs- und Arbeitswelt Realität, die die Gefahr in sich tragen, zum Ausbildungsabbruch und damit für alle Beteiligten zum Verlust von Ressourcen zu führen.[24]

Bei unserer Analyse zum Auffinden von Defiziten beginnen wir mit den systemischen Konflikten und Defiziten. Eltern, Schulen und die Angebote der Agenturen für Arbeit sind die drei zentralen Stellgrößen, die die berufliche Orientierung und Planung der Jugendlichen unterstützen und beeinflussen. Zwischen diesen Stellgrößen herrscht kein spannungsfreier Zustand.

Eltern

Das Grundgesetz für die Bundesrepublik Deutschland bestimmt in Artikel 6, Absatz 2, auch die Rolle der Familie. „Pflege und Erziehung der Kinder sind das natürliche Recht der Eltern und die zuvörderst ihnen obliegende Pflicht...", so dass wir in unserem Einleitungskapitel als erstes den Einfluss der Eltern auf die Berufswahl behandelten. Denn zu den Erziehungsrechten und Pflichten der Eltern gehören analog zur Schulpflicht nach Art. 7, Abs. 1. auch ihren Kindern die Möglichkeiten zur Teilnahme an beruflichen Bildungsmaßnahmen zu verschaffen. In Verbindung mit Art. 12, Abs. 1, Satz 1, hätten sie dann die Pflicht, für ihre Kinder das Recht der freien Berufswahl einzufordern. Deshalb wollen wir auch hier mit den Wirkungen der Einflüsse bei den Eltern beginnen.

Über die Wirkung der Einflüsse der Eltern auf die Berufswahl gibt es unterschiedliche, ja z.T. entgegen gesetzte Auffassungen. Wir können sie wie folgt zusammenfassen:

- Die Eltern – meistens die Väter – bestimmen, was der Junge oder das Mädchen werden soll. Das stand oft in Verbindung mit einem eigenen

---

24 Beinke, Lothar (2001), Berufsorientierung – eine Forderung an ‚Schule und Berufsberatung unter Berücksichtigung des Elternengagements, in: Schlösser, Hans Jürgen (Hg.), Berufsorientierung und Arbeitsmarkt, Berg. Gladbach.

Handwerksbetrieb oder einem Einzelhandelsgeschäft, das im Besitz der Familie war und auch von ihr geführt wurde. Die Betriebe waren oft schon über Generationen in der Familie betrieben worden, so dass der Elterneinfluss hier auch darauf zielte, eine Familientradition – das, was die Familie für die Familie in den Generationen aufgebaut hatte – zu erhalten.

– Die Eltern wollen die Kinder nicht gerade zwingen, aber beraten, doch – oft mit dem Bemühen und der guten Absicht, das Richtige für die eigenen Kinder zu tun – sehr intensiv und direkt. Das geschieht oft mit dem Hinweis darauf, dass man entsprechende Ausbildungsplätze kenne oder finden könne, die den Einstieg in den Beruf garantieren könnte.

– Eltern wissen darum, dass sie in der modernen Arbeitswelt und in den Berufen mit moderner Organisation und Technik auch mit den Ansprüchen einer höheren schulischen Qualifikation nicht voll diesem Anspruch gerecht werden können. Sie geben dennoch begrenzt Ratschläge, halten sich aber zurück und geben keine Entscheidungen vor. Die Kinder können mit Fragen kommen, von denen sich die Eltern nicht selten überfordert fühlen.

– Eltern haben, stärker als die zuvor genannten, eine Scheu, den eigenen Kindern etwas zu raten, von dem sie wissen oder glauben, dass sie nicht genügend sachlich und fachlich geeignet dafür sind. Sie entziehen sich stärker den Beratungsgesprächen und verweisen eher darauf, dass andere Einrichtungen und Menschen dafür besser qualifiziert seien, mehr Verstand dafür haben.

– In diese letzte Gruppe gehören diejenigen Eltern, die – oft wegen lang andauernder eigener Arbeitslosigkeit und ohne Berufsausbildung oder mit Scheitern im früher einmal erlernten Beruf – als nicht geeignet eingeschätzt werden können. Diese Eltern könnte man als verwahrloste oder untätige Berufswahlhilfen für die Kinder bezeichnen.

Eigentlich ist all diesen genannten Eltern in der vorangestellten Typologie gemeinsam, dass sie in den Fragen sachlicher, fachlicher, qualifizierter Beratung in Bezug auf die modernen Verhältnisse in der Berufsausbildung und in der späteren Berufstätigkeit nicht selbst ausreichend informiert sind. Das gilt auch für die erste Gruppe, die sich nur für kompetent in dem Bereich hält – und auch z.T. kompetent ist (bis auf die neuesten Entwicklungen in Organisation und Technik) – in dem sie selbst eine Ausbildung abgeschlossen und in ihrem bisherigen Berufsleben u.U. ohne Unterbrechungen gearbeitet haben. Damit konnten sie Arbeits- und Berufserfahrungen gesammelt haben, die für eine Beratung als tauglich angesehen werden können.

Man könnte deshalb zu dem Schluss kommen, dass der Elterneinfluss, da er sich doch mit der Berufsorientierung um die Einlösung von Fachfragen und Fachproblemen beschäftigt, die für die jungen Menschen für ein ganzes Leben sich als tragfähig erweisen müssen, dass die Eltern wenig Einfluss haben, und da wo sie ihn reklamieren, ihn eigentlich nicht geltend machen sollten. Ja – und solche Äußerungen gibt es in der Tat nicht nur am Stammtisch – man sollte darauf hinwirken, dass der Elterneinfluss auf die Berufswahl verhindert wird.

Wie aus der Typologie auch erkennbar, wirkt der Einfluss der Eltern sehr verschieden: Er ist in besonderem Maße abhängig vom sozialen Status, den Zugängen zur Informationstechnik, von der Vollständigkeit der Familien oder von Alleinerziehenden und natürlich auch von den ausgeprägten Erziehungsstilen (die wiederum abhängig sind vom Sozialstatus). Wenn wir jetzt einmal die familienspezifischen Unterschiede beseite lassen, die für jeden einzelnen Fall bei einer grundlegenden Analyse herausgearbeitet werden müssten, dann kann man unter Berücksichtigung der graduellen Unterschiede davon ausgehen, dass das Schwergewicht des Elterneinflusses nicht auf Sachkenntnis und fachgerechter Vermittlung dieser Kenntnisse beruht. Lediglich der erstgenannte Typ, der im Sinne einer Berufevererbung einen recht konkreten Anlass sieht, seinen Einfluss und seine Einflussmöglichkeiten zu realisieren, bringt in seine Berufsberatungsabsicht Sachkompetenzen ein. In den andren Fällen beschränken sich viele Sachinformationen auf generelle Vorstellungen von der Arbeitswelt. Und auch die Vorstellungen und die Ausprägungen bei konkreten Berufen sind allgemeines, oft kolportiertes Wissen, nicht selten aus Vorurteilen gespeist. Die Treffsicherheit hängt dann davon ab, wie weit in der gegenwärtigen Berufs- und Arbeitswelt die Tätigkeiten „modernisiert" wurden, die Kenntnisse deshalb überholt sind. Es ist z.B. für einen Ladenbesitzer eines Einzelhandelsgeschäftes oder einen Angestellten im Einzelhandel – von den großen Formen des Einzelhandels abgesehen – kaum denkbar, dass er in den neuen und extrem modernisierten Berufen in ihrer Abhängigkeit von der elektronischen Technik und den wissenschaftlich fundierten Ausprägungen in der Werbewirtschaft er über Berufe mehr als nur Wortkenntnisse hat – und diese selbst nicht immer vorhanden sind.

Das darf nun aber nicht zu dem Schluss führen, der Elterneinfluss sei gering zu werten. Zwar treffen immer noch die Schwerpunktwahlen sowohl weiblicher als auch männlicher Jugendlicher auf eine Grundstruktur beruflicher Tätigkeiten. Die Berufswünsche von 30% bis 50% der Jugendlichen (die Unterschiede sind sehr oft geschlechtsspezifisch) wählen einen Grundblock Von bis zu zehn Berufen. Diese Berufe sind in der Wirtschafts- und Beschäftigungsstruktur Deutschlands zwar sehr häufig vorhanden, repräsentieren aber kaum moderne, attraktive, zukunftsträchtige Tätigkeiten. D.h. dass Kenntnisse und Einschätzung der Fähigkeiten sich auf diese fast schon traditionell zu nennenden Berufe begrenzen. Da außerdem – das beobachten wir seit Jahren in ansteigender Form – die Jugendlichen eine Annäherung der jungen Menschen an die von ihnen als besonders vertrauenswürdig gesehenen Einschätzungen und Beratungen der Eltern vollziehen, wird die Diskussion und der Wert des Elterneinflusses mit besonderer Beachtung empirisch gewonnener Fakten geführt werden müssen. Überwiegend werden bei Befragungen die Eltern als die wichtigsten Informanten genannt. Es ist also keine Blauäugigkeit, wenn man aufgrund dieser empirischen Ergebnisse den Elterneinfluss nach wie vor nicht nur als gegeben sondern auch als nachhaltig bezeichnet.

Was aber sind dann nach diesen Voraussetzungen die Einflussmöglichkeiten der Eltern? Die gegenwärtige Berufs- und Arbeitswelt ist doch durch die technischen, wissenschaftlichen und organisatorischen Entwicklungen als unübersichtlich und intransparent erkannt. Die Unanschaulichkeit versperrt einen direkten Kontakt. Es gibt Berufe, die durch prinzipielle Unanschaulichkeit charakterisiert sind – man denke nur an Büroberufe in den kaufmännisch verwaltenden Tätigkeiten. Fehlende Sachkenntnisse aus direkten informationellen Kontakten haben vor anderen, besonders mechanisch vermittelten oder optisch vermittelten Informationen, den Vorteil der größeren Wirksamkeit durch die individuelle Nähe und sind damit auf eher Vermittlung angewiesen und geben die Möglichkeiten von Rückfragen. Durch die persönliche Nähe und man möchte fast paradoxerweise sagen, durch den Verzicht auf fachliche Kompetenz in dieser Beratung, wie sie von Eltern geübt werden kann, wird ein Vertrauensverhältnis entwickelt, das die Unsicherheiten offen aussprechbar macht. Den Jugendlichen wird von ihren Eltern Sicherheit gegeben, die ihnen Hilflosigkeit nimmt. Sie sehen sich nicht und werden nicht gesehen als unentschlossene Berufswähler, oder als uninformierter, vielleicht sogar als unqualifizierter, als berufswahlunreifer Mensch. Sie treten fremden Informanten gegenüber selbstbewusster auf. Dieses Selbstbewusstsein schafft neben dem Gefühl des Zuhauseseins, des Eingehaustseins, eine emotionale Stabilität, die dem berufssuchenden jungen Menschen einen Anker in dem Raum der Unsicherheit Sicherheit bietet. Ihnen bleibt nicht verborgen, dass ihre Entscheidung in jedem Fall eine Entscheidung unter Unsicherheit sein wird und sein muss. Je stärker die Stabilität durch die emotionale Bindung an die Eltern gefestigt ist, desto eher ertragen die Menschen diesen Zustand der Unsicherheit, verbunden mit dem Entscheidungsdruck. Damit wäre dann auch erklärbar, dass der Elterneinfluss auch unter dem Postulat der geringen Fach- und Sachkompetenz ein starker entscheidender Einflussfaktor im Prozess der Berufsorientierung ist.

Wegen der Besonderheit und wegen seines grundlegenden Einflusses fasse ich den Einfluss der Eltern zusammen:

Der elterliche Einfluss bei der Berufsorientierung und der Berufswahl ist in seiner prägenden und beeinflussenden Wirkung nicht zu unterschätzen. Der Berufswunsch bei den Jugendlichen wird durch den Einfluss der Eltern schon verfestigt, bevor Schule und Arbeitsamt in den Prozess der beruflichen Orientierung eintreten. Den Eltern fehlen zwar spezifische Kenntnisse über Berufe und Ausbildungen und sie verfügen kaum über entsprechendes institutionelles Wissen, sie unterstützen ihre Kinder jedoch besonders durch emotionale Zuwendung. Trotz der Zurückhaltung, die Eltern überwiegend im Rahmen ihrer Beratung üben, ist ihr Einfluss „nicht zwangsläufig frei von Erwartungen".[25] Den Eltern ist eben mehrheitlich trotz ihrer Zurückhaltung nicht gleichgültig, welchen Weg ihre Töchter und Söhne gehen. Damit stärken sie die für eine Berufswahlentscheidung erforderliche Verhaltenssicherheit, die den Jugendlichen die Möglichkeit gibt, ihre Entscheidung als selbständig zu vertreten. Maschetzke[26] gibt einen weiteren Hinweis. Nach der umfassenden Untersuchung „Abitur – und was dann?" sind fast alle Wünsche von Eltern und Jugendlichen deckungsgleich.

Die Integration der Eltern in einen Kooperationskreis – bestehend aus Schule, Arbeitsamt und Eltern – ist daher von grundlegender Notwendigkeit, um den Prozess der beruflichen Planung und Orientierung von Jugendlichen zu optimieren. Kooperationen beginnend im „letzten Schuljahr" setzen zu spät an. Bisher haben Kooperationen zwischen den drei Hauptakteuren Seltenheitswert. Es fehlen geeignete Konzepte, denen es gelingt, eine Bündelung der jeweiligen Stärken der einzelnen Akteure einzubringen. Organisierte Formen der Zusammenarbeit als Regelwerk gibt es kaum, Alternativen von ähnlichem Stellenwert sind noch zu prüfen.

Lehrer – Schule und Unterricht

Eine Analyse der Defizite in der schulischen Betreuung und deren Unterstützung von Jugendlichen beim Übergang von der Schule in den Beruf nimmt die Arbeit der Lehrer in den Blick, die den Berufswahlprozess ihrer Schüler unterrichtlich in Zusammenarbeit mit Berufsberatern begleiten sollen. Sie haben im Urteil ihrer Schüler kaum Kompetenzen in dieser Thematik. Die Thematik der beruflichen Orientierung überfordert die meisten Lehrer. Auf Defizite in diesem Bereich reagieren sie häufig mit Resignation. Zur Abwehr von Verantwortung scheinen sie alle Kompetenzen für Berufswahlfragen im Berufsberater zu sehen.

---

25 Maschetzke, Christiane (2009), Die Bedeutung der Eltern im Prozess der Berufsorientierung, in: Oechsle, Mechthild, u.a., Abitur – und was dann? S. 181-228, Wiesbaden, S. 193.
26 Ebenda, S. 202.

Dieser Umstand wird zusätzlich beschwert durch die Tatsache, dass gegenwärtige Prozesse im Arbeits- und Beschäftigungssystem grundlegend neue Verhältnisse offenbaren, auf die die Schüler und Schülerinnen nicht in angemessener Weise vorbereitet werden.

– Die meisten Auszubildenden werden nicht mehr in einem verfestigten Berufssystem nach der Ausbildung ihren festen Platz finden. Die Berufsausbildung und die daran anschließende Berufstätigkeit als lebenslange Statuszuweisung geht verloren. Die Berufsausbildung wird zur Vorschule der Weiterbildung.[27]

– Der Lebensberuf mutiert zunehmend zu einer Erwerbskarriere mit vorübergehend ausgeübten Tätigkeiten. Relativ stabile Arbeitskarrieren nehmen im Zeichen ökonomischer Globalisierung ab, es formen sich neue Patchwork-Biographien, die mit den Anforderungen von lebenslangem Lernen und von fortwährendem beruflichem Disponieren verbunden sein werden.[28]

Die positive Bewältigung von arbeits- und berufsbezogenen Übergängen wird zu einem Schlüsselfaktor innerhalb einer Erwerbskarriere. Entscheidend für den beruflichen Entwicklungspfad ist der erste Schritt in das Berufsleben. Bisherige Aktivitäten und Handlungsausrichtungen der Schulen haben auf eine Vermittlung von Kernkompetenzen weitgehend verzichtet und die neuen Bedingungen auf den Arbeitsmärkten nicht oder nicht ausreichend thematisiert. Ein nachhaltiges Programm zur positiven Bewältigung des Übergangs von der Schule in den Beruf existiert noch nicht. Das System Bildung wird zunehmend von der Dynamik des Wandels überrollt, ohne dass entsprechende Curricula zur Seite stehen, die berufliche Planung und Orientierung nachhaltig befördern könnten.

Berufliche Orientierung und Planung, einschließlich der Berufswahl sind Aspekte des Sozialisationsprozesses. Jugendliche sind in besonderer Art und Weise von der ersten beruflichen Sozialisation betroffen. Für sie ist der Übergang von der Schule in den Beruf ein Systemwechsel. Umfangreiche Lernprozesse sind notwendig, um den Übergang von der Schule in den Beruf möglichst reibungsfrei und effizient zu gestalten. Jung fasst die Dynamik dieses Prozesses zusammen, „es konstituiert sich eine Wechselbeziehung individueller Dispositionen und gesellschaftlicher Anforderungen und erfordert eine angemessene Auseinandersetzung mit den eigenen Fähigkeiten, Interessen, Wertorientierungen und Lebensentwürfen, sowie mit den Inhalten und Anforderun-

---

27   Jung, Eberhard (2000) Arbeits- und Berufsfindungskompetenz, in: Hans-Jürgen Schlösser (Hg.), Berufsorientierung und Arbeitsmarkt, Köln, S. 94 f.
28   Ebenda, S. 94 f.

gen, Chancen und Risiken von Arbeitstätigkeiten, Berufen und Arbeitsmärkten. Der als Berufswahl bezeichnete Prozess kann als umfassender Lernprozess verstanden werden, in dem Informationen erworben, verarbeitet und umgesetzt werden."[29] [30]

Ein Vernachlässigen dieser schulischen Unterstützungsleistung bestärkt individuelle berufliche Fehlentscheidungen und Fehlplanungen der Jugendlichen und kann, wiederum individuell, zu Krisensituationen und Überforderungen führen. Abbrüche der Ausbildung, aber auch Verlängerung der Schulzeit, die mit Weiterqualifizierung begründet wird, jedoch ohne konkrete berufliche Orientierung angegangen wird, unzureichende Abschlüsse bei unrealistischen Berufswünschen, zu hohe Erwartungshaltungen beim beruflichen Einstieg sind typische Merkmale für ein nicht kompetenzorientiertes Heranführen an das Arbeits- und Beschäftigungssystem. Die Vernachlässigung der schulischen Unterstützung ist mit bedingt durch die Interpretation der Lehrerrolle.

Die Vorstellungen der Lehrer über die Arbeitswelt sind in der Regel nicht aus eigener Erfahrung geprägt, ja zu einem großen Teil gibt es fundierte Kenntnisse darüber besonders bei älteren Lehrern überhaupt nicht. Der dadurch bedingte Mangel an pädagogischer Aufklärungsfähigkeit über die Arbeits- und Wirtschaftswelt und die darin möglichen Berufstätigkeiten wird dann aber versucht, damit zu erklären, die Schüler hätten keine klaren, sondern nur diffuse, unpräzise Berufsvorstellungen. Aus dieser Fehleinschätzung wird der Anspruch abgeleitet, die Lehrer seien vielleicht die einzigen, die die Kluft zwischen Wünschen und Wirklichkeit „zu verengen vermögen". Von Lehrern also, die 1. diese Wirklichkeit nach eigener Aussage nicht kennen und die 2. nicht anzugeben vermögen, was mit dem Verengungsversuch von ihnen intendiert wird.

Mit jüngsten empirischen Studien kann dieser Befund erhärtet werden. Berge u.a. haben Lehrer in einem EU-Projekt befragt[31], die als Fachlehrer für Ökonomie unterrichteten. Sie sollen hier als Exempel für die Einstellung der Lehrer sowohl zur Berufsorientierung als auch zur allgemeinen Vorbereitung auf die Arbeitswelt dargestellt werden.

---

29 Ebenda, Arbeits- und Berufsfindungskompetenz S. 93.

30 Jüngere Forschungsergebnisse weisen darauf hin, dass dieser Prozess den Schülern kaum Chancen gibt, Kenntnisse über die institutionellen und personellen Strukturen und Haltungen zu erwarten, mit denen sie konfrontiert werden. Das betrifft auch und gerade die Funktion und Person des Ausbilders – Beinke, Lothar (2009), Berufsvorbereitung und Berufseinstieg, Frankfurt.

31 Berge, Susanne / Piltz, Matthias (2012) Vorberufliche Bildung in Curricula und Unterrichtsalltag, Befunde aus einem EU-Projekt, S. 114 – 127, in: Retzmann, Thomas (Hg.) Entrepreneurship und Arbeitnehmerorientierung, Schwalbach/Ts.

Betriebswirtschaftliche Inhalte haben in den untersuchten Curricula nur unterproportionale Berücksichtigung gefunden. Die Analyse im Bereich der Betriebswirtschaftslehre deckt vor allem Themen in Verbindung mit administrativen Tätigkeiten ab und behandelt die Rolle und die Aufgaben von Unternehmen im Zuge der Technologisierung. Allgemein wird die Rolle der Bereiche vorrangig nur im Gesamtzusammenhang einer Volkswirtschaft behandelt, selten jedoch aus der betrieblichen Sichtweise. Die Untersuchung fand nur wenige Aspekte in den Curricula, die die Leistungsbereitschaft der Schüler fördern sollen.

Viele Themen aus dem Bereich der Volkswirtschaft beschäftigen sich z.B. mit „Handel und Globalisierung" und mit Grundprinzipien wirtschaftlichen Handelns und der Wirtschaftspolitik.

Dabei zeigte sich, dass die Lehrer sich vorzugsweise nicht so sehr auf die curricularen Richtlinien stützten, sondern eher mit den intern erarbeiteten und detaillierter ausformulierten Schulcurricula arbeiteten. Auch die Schulbücher sind oft Quelle für die Lehrer im Wirtschaftsunterricht.

Zur Berücksichtigung der Berufswahlorientierung und Berufsvorbereitung gab es eigene Jahresplanungen. Die Berufsorientierung in Nordrhein-Westfalen kann man als Bestandteil einer schulischen individuellen Förderung charakterisieren.

Insgesamt konnten in den interviewten Schulen die tatsächlichen Aktivitäten im Bereich der Berufsorientierung in der Regel bei weitem die Vorgaben des Curriculums überschreiten. Dagegen waren die Lehreräußerungen zum Thema Wirtschaft zurückhaltender. Die Wichtigkeit der Wirtschaft im Unterricht ist ambivalent und eher vom jeweiligen persönlichen Verständnis geprägt. Dazu sagt ein Lehrer – wie in der Studie berichtet wird:

> „Schüler brauchen keine Wirtschaftstheorie. Sie sollten mit dem vertraut sein, was auf sie als künftige Staatsbürger und als Konsument und als Arbeitnehmer zukommt. Aber ich denke nicht, dass sie die Bedingungen des vollkommenen Marktes kennen müssen."[32]

Ein anderer Lehrer:

> „Ich denke schon, dass die Schüler zu wenig über Wirtschaft erfahren, auch innerhalb des Faches. So wie es jetzt bisher war, war es ja maximal ein Drittel Wirtschaft, viele Kollegen haben hier sogar gar nichts gemacht..."[33]

Das Ergebnis: „... eine eher abneigende Haltung gegenüber der Förderung unternehmerischen Denkens und Handelns bei Realschülern."[34]

---

32 Ebenda, S. 122.
33 Ebenda.
34 Ebenda, S. 123.

Exkurs

Aus den Belegen für diese Haltung bei Lehrern zur Berufsorientierung darf man daran erinnern, was sowohl die Garantie zur Freiheit der Berufswahl im Grundgesetz als auch die betreffende Gesetzgebung der Länder zur Sicherung einer adäquaten Berufswahlchance fordern.

Ein weiteres Ergebnis aus jüngster Forschung zeigt[35], dass die Lehrer auf die betriebliche Praxis nicht gut vorbereiten. Die Vorbereitung für ein Praktikum – und natürlich erst recht für eine Berufsausbildung – sei eher schlecht zu beurteilen.
Schüler in unseren Interviews zeigen, dass die Praktika, die die Schülerinnen und Schüler durchlaufen nicht zu wirklichen brauchbaren und verwertbaren Eindrücken aus der betrieblichen Arbeitswelt in die Schule zurückkehren. Die „Erfahrungen", die die Schülerinnen und Schüler aus den Praktika mitbringen, erwiesen sich als diffus, emotional stark negativ besetzt und falsch.
Nicht nur die Kenntnisse über die Wirtschaft sind „lückenhaft", auch mit der Schwierigkeit der Jugendlichen umgehen, die sich auf die räumliche Trennung von Arbeitsplatz und häuslichem Leben bezieht, ist nur in geringem Maße reflektiert. Durch diese Trennung, so wird argumentiert, und durch den höheren Technisierungsgrad könnte das Wesen der Berufe nicht mehr durch unmittelbare Anschauung erfahren werden. Es bleibt begrifflich völlig im Unklaren, wie über dieses Abstraktum Beruf – das seit je eine Komplexität darstellte – unmittelbare Anschauung möglich sei. Was durch Anschauung erfahrbar ist, sind einzelne Tätigkeiten, einzelne Arbeiten, die zu einem Beruf gehören und nicht mehr.[36]
Es dürfte für die Zukunft ganz entscheidend sein, dass die Lehrer für ihre Rolle im Beratungsprozess davon ausgehen, dass sich schon Berufswünsche der Jugendlichen gebildet haben, bevor die schulische Berufsorientierung einsetzt. Angesichts der Befunde, dass 86% in einer unserer Befragungen ihren Wunschberuf bereits ziemlich exakt nennen können und dass im Verlauf unseres Projektes erreicht werden konnte, dass fast alle Schülerinnen und Schüler präzise Angaben über ihren Berufswunsch machen können,[37] sind diese Ergebnisse als gesichert anzusehen. Da wir wissen, dass Eltern für den Beratungsprozess sehr wichtig sind, liegt hier der entscheidende Ansatzpunkt für die Schule. Dabei sind die Erwartungen der Schüler, die sie an die Hilfe der Schule richten, außer-

---

35 Kölzer, Caroline (2012), Arbeit und Arbeitslosigkeit aus der Perspektive von Hauptschülerinnen und -schülern, in: Retzmann, Thomas (Hg.), Entrepreneurship ..., a.a.O.
36 Beinke, Lothar (1980), Das Betriebspraktikum, Bad Heilbrunn, S. 114.
37 Beinke, Lothar (1988), Berufswahlunterricht und Selbstinformation, in: Wiegand, U., u.a. (Hg.), Bad Honnef.

ordentlich hoch, trotz der Diskrepanz zwischen der Einschätzung der Lehrer-kompetenz und der Hoffnung auf die Schule als Beratungsinstitution[38]. Die Schülerinnen und Schüler sprechen den Lehrern zwar nicht die Bereitschaft zur Beratungshilfe ab, aber sie zweifeln, ob sie den Lehrern und Lehrerinnen die Kompetenz dazu zuerkennen sollen. Die Schüler trauen den Lehrern nicht zu, Kenntnisse aus der Wirtschafts-, Berufs- und Arbeitswelt zu haben, die für eine erfolgreiche Beratung erforderlich wären.

Lehrer „interpretieren" Angebote, die von anderen Institutionen zur Berufs-orientierung vorgebracht oder eingeholt werden können, besonders aber die Er-fahrungen, die Schüler in den Betriebspraktika machen konnten. Sie haben al-lerdings in der Regel keine ausreichenden eigenen Kenntnisse und Erfahrungen dazu. Sie sind deshalb in ihrer Rolle als Interpretierer, als Didaktiker gefragt.

Mehr als die Hälfte der befragten Lehrer halten Beratung – darin ist die Be-ratung über Berufswahlfragen eingeschlossen – auch ohne eigene Fachkenntnis-se für möglich. Hier wäre zu fragen, ob die Wissenschaftsdisziplin Wirtschafts-wissenschaften oder das Fach Wirtschaftslehre (wenn es denn im Unterrichts-plan vorgesehen ist) als ein Fach für ernsthafte Auseinandersetzungen mit der schulischen Zielsetzung: *Hinführung der Schülerinnen und Schüler auf die gan-ze Erwachsenenwelt* als relevant eingeschätzt wird? Angesichts der bereits vor-liegenden Befunde darf dies bezweifelt werden. Dieser Sachverhalt wurde ope-rationalisiert, indem die Bedeutung der Ökonomie im Verständnis der Befragten als wissenschaftliche Disziplin gleichrangig neben anderen Fächern ermittelt wurde. Nur 51% der antwortenden Lehrer hielten diese Gewichtung der Öko-nomie für richtig und sehr richtig.[39] Alle anderen Urteile lagen unterhalb dieses Niveaus.

Auch die weiteren Befunde verwundern: Lediglich 8% der Lehrer setzten einer der für das spätere Leben in der Berufs- und Arbeitswelt so wichtigen Fä-higkeiten wie a) technisches Verständnis, b) Verstehen ökonomischer Zusam-menhänge und c) Verstehen politischer Zusammenhänge auf den 1. Platz des vorgelegten Rankings und 25% der Befragten auf den zweiten. Erst auf dem dritten Platz werden diese Inhalte mit 56% als allgemein bildend wichtig erach-tet. Hingegen sind die Kategorien, die Relevanz für die Berufs- und Arbeitswelt besitzen, auf den letzten Plätzen überproportional vertreten: Mit mehr als zwei Drittel nannten die Lehrer eine Kategorie mit „Berufs- und Arbeitsweltbezug" auf dem letzten Wertungsplatz. Außerdem setzten wiederum zwei Drittel der be-fragten Lehrer diese Kategorien auf den vorletzten Platz. Damit wurden die bei-den letzten Wertungskategorien mit Kategorien der Berufs- und Arbeitswelt be-

---

38   Beinke, Lothar (2006) Berufswahl und ihre Rahmenbedingungen, Frankfurt.
39   Beinke, Lothar (2004) Berufsorientierung und Peer-groups, Frankfurt, S. 56 ff.

legt. Das technische Verständnis rangiert nach der Lehrermeinung auf dem letzten Platz mit 44,2%. Technisches Verständnis – eine sehr wichtige Bedingung für das Verstehen der Gegenwart und für die Bewältigung von Zukunft – ist für Berufstätige, die junge Menschen auf das Leben vorbereiten sollen, ziemlich wichtig.

Angesichts der Befunde ist zu bezweifeln, dass bei der Darstellung des Wirtschaftssystems der sozialen Marktwirtschaft in Deutschland von den Lehrern mehrheitlich ein didaktisch reduziertes Modell des Wirtschaftskreislaufs als heuristisches Instrument zur Analyse volkswirtschaftlicher Zusammenhänge genutzt wird. Ebenso erscheint auch die von Burkhard[40] beklagte Personifizierung der Darstellung der volkswirtschaftlichen Gesamtrechnung als bedenklich. Daraus folgt wahrscheinlich bei vielen Lehrern, dass wirtschaftspolitische Gesamtkonzeptionen, wie z.B. die Konzeption der sozialen Marktwirtschaft, im Unterricht ausschließlich anhand von Texten nach den üblichen philologischen Mustern der Texterschließung behandelt wird – wenn überhaupt. Auch die Grundkenntnisse z.B. des betrieblichen Rechnungswesens scheinen bestenfalls marginal erkannt zu sein.[41] Für die unterrichtliche Realität ist zu folgern:

- Was in den Richtlinien oder Lehrplänen steht, ist nicht bereits Gegenstand des Unterrichts.
- Dem unterrichtenden Lehrer in allgemein bildenden Schulen fehlen Kenntnisse über ökonomische Sachverhalte, die als Basiswissen für eine Berufsorientierung in der Schule erforderlich sind. Damit könnte die Skepsis der Schüler/Schülerinnen gegenüber den Lehrern zu dieser Thematik erklärt werden.
- Durch die skeptische Grundhaltung der Lehrer allem Ökonomischen gegenüber droht im Unterricht eine Darstellung der Wirtschaft ideologisch bestimmt zu werden und eine fachlich korrekte Information über die Wirtschaft auszubleiben.

Die Qualität der durch die Lehrkräfte im Unterricht geleistete Berufswahlhilfe wird in der Abbrecherstudie[42] aktuell beschrieben: Etwas mehr als 60% der befragten Jugendlichen gaben der abgebenden Schule keine Verantwortung dafür, dass betriebliche Erfahrungen mit den Informationen der Schule nicht übereingestimmt hätten. Ein klares Votum gegen die Kompetenz der Lehrer zu diesem

---

40   Burkhard, K.-J. (2003) Ökonomische Bildung und Politikunterricht, in: Unterricht Wirtschaft, Heft 15.
41   Vgl. Beinke, Lothar (2001), Berufsorientierung und ..., a.a.O., S. 147 ff.
42   Vgl. Beinke, Lothar (2011), Berufswahlschwierigkeiten und Ausbildungsabbruch, Frankfurt.

Thema. Immerhin aber ein gutes Drittel (35,1%) bestätigten Mängel in den Informationen der abgebenden Schulen über die betriebliche Berufsausbildung und jeder fünfte Schüler warf seiner Schule vor, die Vorbereitung durch sie sei nicht genügend an der zu erwartenden Praxis orientiert gewesen. Ausubels Vermutung[43] findet damit eine Bestätigung. Die befragten Auszubildenden äußerten zu 60,2%, die Lehrer der allgemein bildenden Schule hätten mehr über die Ausbildung im Dualen System wissen müssen, damit hätten die Schüler auf den Übergang besser vorbereitet werden können.[44]

Die Wirkung der Freunde auf die Berufswahl

Ein weiterer Faktor in einem neuen Einflusssystem sind die Freundeseinflüsse – die Wirkungen der Peer-groups. Wie in der allgemeinen Peer-group-Forschung festgestellt, strukturieren auch die Freundesgruppen sich um das Thema Berufswahl im Wesentlichen aus den im engeren Sinne entstandenen Freundschaftsbeziehungen, die hier als wirksames Instrumentarium behandelt und eingeschätzt werden sollen. Die Bedeutung beschränken wir hier auf diejenigen, die als erweiterte Geschwisterbeziehungen bezeichnet werden: Freundschaftsbeziehungen von jungen Menschen, die sich überwiegend aus ihrer Altersgleichheit, in jüngeren Jahren auch Geschlechtsgleichheit, gemeinsamem Schulbesuch und – mit letzten korrespondierend – Beziehungen aus oder in dem Wohnumfeld zusammensetzen.

Für die Peer-groups, die hinsichtlich ihrer emotionalen Wirkung den familialen Bedingungen ähnlich sind, gilt auch der Aspekt der vermuteten Sachkompetenz, den wir auch im Elterneinfluss finden konnten.

In den Peer-groups erscheint das möglich, was Schulze[45] als die Vereinfachung der Wirklichkeit bezeichnet, denn „gelegentliche Irrtümer bei halbwegs akzeptabler Trefferquote sind allemal jener Desorientierung vorzuziehen, die unvermeidlich wäre, wollte man soziale Komplexität in vollem Umfang zulassen". Mit der Formulierung „Peer-groups und Berufsorientierung" wird ein Zusammenhang konstruiert, dass sich in informellen Gruppierungen bei Jugendli-

---

43 Ausubel (Ausubel, David P. (1979), Das Jugendalter, 6. Aufl., 1. übersetzte Aufl. 1968, S. 442) führt aus, dass Arbeitserfahrung entscheidend dazu beitrage, „den Übergang von der Schule zur Arbeit zu erleichtern". Hingegen biete das Schulleben offenbar wenig Anhaltspunkte dafür, „was von der Berufswelt zu erwarten" sei. Dazu Ausubel, David (1979), Das Jugendalter, 1979, Kap. 14, S.415-443.
44 Abbrecherstudie, 2011.
45 Schulze, Gerhard (1996), Die Erlebnisgesellschaft, 6. Aufl., Frankfurt/New York.

chen – in denen sie Erlebnisse und Meinungen austauschen, mit denen sie Frei-
zeitaktivitäten gestalten – Einflüsse auf die Berufsorientierung und Berufswahl
entwickeln. Das passiert durch Gespräche und Diskussionen, die sich auf Entscheidungen, Willensbildung und Meinungsbildung auswirken. D.h. es sind seitens der Peer-groups erzieherisch-pädagogische Wirkungsprozesse zu unterstellen[46]. Da die Jugendlichen nicht in einer Welt jenseits der Berufsorientierung leben, scheidet auch für sie eine Ausblendung der Berufsorientierung aus. Eine
Vorbereitung auf ein Leben in der Spaß- und Freizeitgesellschaft ist von der
heutigen Jugend nicht intendiert. Sie wünscht mehrheitlich einen Anschluss
ihrer Zukunft an die Generation ihrer Eltern. In allen Shell-Studien wird dieser
Zusammenhang bestätigt.

Allerdings bleibt unklar, wie weit die positive Einschätzung der Freunde
wirklich geht? Würden die Jugendlichen ihre Freunde zur Berufsberatung mit-
nehmen – gewissermaßen als moralische Stütze? Es zeigt sich, dass die Jugendlichen in dieser Frage noch unsicher sind und auf Hilfe nicht verzichten können.
In der neu entdeckten Unterstützung durch Freunde wird hier eine Hilfe gesehen. Lediglich 10% bis ca. 15% würden die Berufsberatung allein aufsuchen.
Die Begleitung durch Freunde weist darauf hin, dass hier eine emotionale Stütze
gesehen wird.[47]

Die Entscheidungen über die Wahl eines Berufes bei den Jugendlichen fal-
len im Wesentlichen schichtenspezifisch. Vergleiche der Berufswünsche der
Probanden mit den Berufswünschen der Freunde und den Väter-/Mütterberufen
zeigen, dass zwischen den Wunschberufen und den Väterberufen in den Berufs-
bereichen große Übereinstimmung besteht. Darüber hinaus weist die hohe Affinität zwischen dem eigenen Berufswunsch und den Berufswünschen der Freunde auf die Schichtspezifik der Freundesbeziehungen und auf die Berufswunschbildung hin.

Die Wichtigkeit der Freunde[48] im Zusammenhang mit Fragen der Berufs-
wahl- und Zukunftsorientierung wird von den Jugendlichen entschieden bejaht.
Gespräche über zukünftige Berufe oder über das Thema „Berufe und Zukunft"
nannten 35% der Jugendlichen. Für Entscheidungen allgemein sind den Jugendlichen Meinungen der Freunde deutlich wichtiger als die Meinung der Eltern.
Sofern sie sich über Berufswünsche äußerten, hatten diese einen hohen Ge-

---

46   Vgl. ebd. S. 27.
47   Beinke, Lothar (2008), Der Einfluss der Eltern und der peer-groups, in: Jung, Eberhard
      (Hg.), Zwischen Qualifikationsmangel und Marktenge, Hohengehren, S. 131-144, hier
      S. 115.
48   Schulze, Gerhard, a.a.O., S. 121.

nauigkeitsgrad. Das bedeutet nicht, dass die Berufsvorstellungen identisch sind mit denen der Freunde[49].

Nach der ursprünglichen Bedeutung des Begriffes „Peer-group", unter dem heute als Funktionsbestimmung generell gilt, dass in diesen Gruppen Jugendliche Bildung von Solidarität und Zugehörigkeitsgefühl entwickeln, hat sich der gegenseitige Einfluss als beachtlich herausgebildet, da in den Gruppen ein hoher Konformitätsdruck entsteht[50]. Diese Gleichaltrigengruppen schienen ursprünglich dadurch begründet, dass sich Menschen gleichen Alters auch deshalb zu Gruppen zusammenfanden, weil sie „in der gleichen Lage" waren.[51] Dieser Aspekt der „gleichen Lage" schafft einen wichtigen Begründungszusammenhang für die Analyse des Verhaltens Jugendlicher in Peer-groups zur Berufswahlthematik.[52] Auch scheint mit den größeren Übergangsherausforderungen ein erhöhter Bedarf nach einer emotionalen und sachlichen Unterstützung durch die Peer-groups einherzugehen.

Zu fragen wäre nun, woher die Abwertungen der Peer-groups und die vorurteilsgeladenen Meinungen stammen?[53] Mir scheint ein Zusammenhang zu bestehen in der Konkurrenz derjenigen Informationsagenten, die auf affirmativer Übereinstimmung beruhen. Der Einfluss der Eltern, der Verwandten und der Geschwister basiert ebenso auf emotional positiv besetzten Ursachen wie der der Freunde. Während die Erstgenannten „legitimerweise" die Affirmation als Einflussvehikel in Anspruch nehmen, erscheinen die Freunde – aus der Sicht der familiengebundenen Agenten – als „Fremde". Der Einfluss der Freunde wird als Gegenpol wahrgenommen, die Einflussnahme *beider* Gruppen – der „Freunde" und der „Familie" –, wenn sie aufeinander treffen, wird als kontraproduktiv empfunden.

Auf der anderen Seite begegnen auch die Berufsberater und Lehrer den Peer-groups mit Skepsis. Sie sehen darin das Entstehen einer Subkultur, die sich in der Wirkung ihrem Verständnis entzieht. Sie unterstellen, die Bedeutung für die Berufswunschbildung sei gering, da die Motivation der Jugendlichen zum Ende der Schulzeit nicht genügend ausgeprägt sei und die Jugendlichen dadurch nicht genügen motiviert seien, sich mit Berufswahlfragen zu beschäftigen. Die

---

49 Ebd., S. 208.
50 Machwirth, Eckart (1980), Die Gleichaltrigengruppe (Peer-group) der Kinder und Jugendlichen, in: Einführung in die Gruppensoziologie, in: Schäfers, B. (Hg.), Heidelberg.
51 Ebenda, S. 199.
52 Denn – wenn auch bei den Gymnasiasten noch etwas zeitlich verschoben – die Notwendigkeit, nach dem bevorstehenden Schulabschluss eine Berufswahl zu treffen, schafft das Bewusstsein der „gleichen Lage".
53 Solche negativen Urteile hörte ich von einigen Lehrern. Mir schien hier eine begriffliche Verwechslung vorzuliegen. Peer-groups wurden mit „Gangs" verwechselt.

46

Artikulierung solcher Themen unter Freunden behindere eher als dass sie fördere; nämlich die notwendige Einflussnahme von Lehrern und Berufsberatern auf den Berufsfindungsprozess.

Die Kontakte zu den Schülern anderer Schulen stärken einerseits den Charakter der Altershomogenität, ergänzen andererseits aber auch die Themen aus dem engeren Kreis der Klassenzugehörigkeit, verändern oder überlagern ihn. Mit Abstand spielt auch die nachbarschaftliche Verbindung eine Rolle. Auch diese ist eben durch den Charakter der Altershomogenität bestimmt und bestätigt und verstärkt die in dieser Lebensphase gemeinsam für wichtig erachteten Gesprächsthemen[54].[55]

Für ein Verstehen der wachsenden Bedeutung des Peer-group-Einflusses erscheint als wichtig, dass – im Gegensatz zu fast allen anderen Informationsagenten, die für die Berufsthematik infrage kommen – die Peer-groups auch in der Führung der Gespräche keine hierarchische Struktur haben. Einen „Chef" gibt es nicht. Hier können also die Jugendlichen ungeschützt ihre Vorstellungen über Berufe äußern, auch wenn diese sehr individuell und sehr ausgefallen und vielleicht auch fehlerhaft sein sollten. Sicherlich liegt darin ein besonderer Anreiz für die Jugendlichen, die Freundesgruppen auch im Zusammenhang mit der Berufswahlthematik zu sehen. Einen Einfluss auf mögliche Entwicklungen und Bestätigung von Berufswünschen könnte auch darin von einer Geschlechtsspezifik abhängen, wie weit zu den Freundesgruppen auch ältere Mitglieder zählen und ob diese älteren Mitglieder auch schon einen Beruf ausüben. Das ist bei den Mädchen der Fall. Hierdurch würde nicht nur eine Kontinuität bei den Prioritäten in der Berufswahl gesetzt werden, sondern auch die zu wählenden Berufe durch die Information älterer Freundinnen konkreter ausfallen.

Der Einfluss der Freundesgruppen auf die Entscheidungsvorbereitung auf die Berufswahl ist gewachsen – er ist als mitentscheidend für die Berufswahl zu bezeichnen. Dieser Einfluss mag rückblickend bereits früher zugenommen haben, er wurde jedoch bisher nicht einer exakten vergleichenden Analyse unterzogen. Wieweit die Informationen als prägende Sachinformationen zu betrachten sind, bleibt ungenau. Die Jugendlichen stabilisieren – oder destabilisieren – ihre Neigungen nach dem emotionalen Freundeseinfluss. Das zeigten die Differenzen zwischen den Wirkungen sehr kleiner, eher intimer Gruppen und den Einflüssen größerer Gruppen.[56]

---

54 Vgl. Schulze, a.a.O.
55 Dabei bilden Mädchen kleinere Gruppierungen als Jungen. Ebenfalls wählen sie ihre Freundinnen eher aus dem Nahbereich (eigene Schulklasse), während die Jungen die eigene Schulklasse nicht als alleiniges Rekrutierungsfeld für die Freundesgruppen sehen.
56 Ergebnis zu diesem Hypothesenteil kann nicht vorgelegt werden, weil für eine solche Prognose die Aussagefähigkeit der erhobenen Daten nicht ausreicht.

Der Einfluss der Eltern wird durch die Wirksamkeit der Freundesgruppen nicht belastet. Eher kann man von einer einvernehmlichen Verteilung von Aufgaben zwischen beiden sprechen.

Der zentrale Kommunikationsteil ist die Diskussion in den Gruppen. Es dient z.T. dem Transport von ungenauem Wissen über die Berufswelt, stabilisiert die Jugendlichen jedoch emotional in dieser Phase der Unsicherheit.

Es gibt offenbar eine systematische Verbindung zwischen unterstützenden Erfahrungen in der Eltern-Adoleszenten-Beziehung auf der einen Seite und die Peer-unterstützten Beziehungen mit der Zielsetzung der Karriereforschung auf der anderen Seite. Eine elterliche Unterstützung auf hohem Level scheint mit einer größeren Unterstützung von den altersgleichen Partnern der Heranwachsenden zusammenzugehen.[57]

Der Einfluss der Peers ist, obwohl er gewachsen ist, nicht entscheidend für die Berufswahl. Die Ausweitung des Einflusses der Peer-groups ist ein Indiz dafür, dass Jugendgruppen zunehmend Aufgaben der Eltern übernehmen und die Jugendlichen ihre Entscheidungen im Diskussionsprozess mit Gleichaltrigen abstimmen.

Die Rolle von Peers zeigt, dass häufige Gespräche zwischen ihnen über karrierebezogene Fragen stark assoziiert wurden mit der Intensität von Informationssuchverhalten. Zur selben Zeit ließen sie die Voraussage zu, dass eine Intensivierung von Berufs- und Beschäftigungserkundungen erfolgte.

Internet und Datenbanken

Wenn man erwartet, dass Einflüsse auf die Berufsorientierung – innerhalb oder außerhalb von Schule und Unterricht – ihre Wirksamkeit für die Information der Jugendlichen über das Internet ausbreiten sollen, dann müssen die Voraussetzungen gegeben sein, dass sowohl in der Schule als auch privat den Schülerinnen und Schülern ein Zugang zum Internet über einen eigenen Computer oder über einen nutzungsberechtigten Computer zur Verfügung steht. Auf der anderen Seite muss jedoch auch gesichert werden, dass im Netz Datenbanken zur Verfügung stehen, die entweder über die Berufsinformationszentren oder über die privat genutzten Computer der Schüler oder über die im Unterricht der Schule verfügbaren Datenbanken vorhanden sind. Als nächstes muss gefragt werden, ob die Informationen und die Programme, mit denen sie aufgearbeitet werden,

---

57 Vgl. Schulze, a.a.O., S. 134.

hinsichtlich der Effizienz für die Schüler einen günstigen Einfluss haben.[58] D.h. es muss gesichert sein, dass die Programme auf die Berufsorientierung ausgerichtet sind.

Die Erfahrungen bei der Anwendung von Informationssystemen lassen erkennen, dass eine Weiterentwicklung und Verbesserung dieser Systeme entscheidend davon abhängt, ob die Aufbereitung, Darstellung und Übermittlung der darin enthaltenen beruflich ökonomischen Informationen besser auf die gruppenspezifischen oder individuellen Berufswahlbedingungen bzw. Beratungsbedürfnisse abgestimmt werden.

Die Einrichtung und das Vorhandensein von Datenbanken lässt keineswegs allein darauf schließen, dass sich Nutzungserfolge einstellen, wenn ein Zugriff über schulische PCs und private PCs möglich ist. Das Internet wird hinsichtlich seiner Informationsmöglichkeiten nicht als attraktive Alternative von den Nutzern eingeschätzt und es ist auch objektiv nicht wirklich eine konstruktive Ergänzung zu den klassischen Informationsmöglichkeiten.[59] Eine sinnvolle Nutzung des Internets kann nur durch didaktische und fachdidaktische Kriterien sichergestellt werden. Daten aus dem Internet müssen erst für den Lehr-/Lern-Prozess zu nutzbaren Informationen und anwendbarem Wissen gemacht werden, denn damit sind sie dann für Lernende beherrschbar.

Das Internet gilt unter den jugendlichen Berufswählern als technisch angemessenes Verfahren, das auch durch seinen in der Regel leichten Zugang und auch durch die Unterstützung im Berufswahlunterricht gern benutzt wird. Das Internet hat allerdings – und das erkennen die Jugendlichen z.T. auch – ein Problem, das den Einsatz als günstigstes Verfahren der Berufsorientierung dadurch verfehlt (was oft in Gesprächen und Programmen hervorgehoben wird und unreflektiert als gegeben hingestellt wird), dass es durch große Datenangebote Unübersichtlichkeit erzeugt. Deswegen sollte bei der Empfehlung zur Nutzung des Internets darauf hingewiesen werden, dass seine Informationen nur ergänzend herangezogen werden sollten. Es ist bei allem Nutzen des Internets, der Datenbanken und anderer elektronisch gesteuerten Zugänge auf die Notwendigkeit zur unterrichtlichen Unterstützung hinzuweisen und es sollte auch von den Schulen als eine schuleigene, besonders günstige Maßnahme in der Verbindung von individueller unterrichtlicher Hilfe als auch durch die sachlich fachlich garantierte, aber doch mögliche Einsatzfähigkeit gesehen werden.

---

58 Über das Internet werden die verschiedenen Datenbanken abrufbar. Über Datenbanken, S. den besonderen Beitrag in dem Band.
59 Diesen Hinweis entnahmen wir Wählisch, Birgitt (2004), Motive für die Wahl des Ausbildungsbetriebes, in: Jasper, Gerda / Wählisch, Birgitt (Hg.) Wettbewerb um Nachwuchs und Fachkräfte, Mehring.

Einige empirische Daten[60] aus der PISA-Studie:

- In der schulischen Computernutzung rangiert Deutschland auf dem letzten Platz.
- Sowohl aus der Familie als auch dem Freundeskreis sind die Hilfen zur Information über Computernutzung weit größer als in der Schule.
- Sehr viele Schüler haben sich die Computernutzung selbst beigebracht.
- Den deutschen Schülern muss das Computerinteresse im internationalen Vergleich als überdurchschnittlich hoch eingeschätzt werden.

Die Erfahrungen bei der Anwendung von Informationssystemen lassen erkennen, dass eine Weiterentwicklung und Verbesserung dieser Systeme entscheidend davon abhängt, ob die Aufbereitung, Darstellung und Übermittlung der darin enthaltenen beruflich ökonomischen Informationen besser auf die gruppenspezifischen oder individuellen Berufswahlbedingungen bzw. Beratungsbedürfnisse abgestimmt werden.[61] Denn selbst unter denjenigen Schülern, die an Berufsberatungsmaßnahmen teilgenommen haben, sind weniger als die Hälfte der Meinung, dass sie gut informiert wurden.

Recherchen und deren Interpretationen ergaben, dass die Einrichtung und das Vorhandensein von Datenbanken keineswegs allein darauf schließen lassen, dass die Nutzer daraus bereits für sich Erfolge erzielen können. Auch in Anlehnung an Hedtke[62] kann belegt werden, dass Bildung nicht durch Datenzugriff wirksam werden kann, sondern sich im Dienste der Aufklärung bewähren muss. Das aber ist der Kern des Problems bei der Internetnutzung für Lernprozesse.

Die Wichtigkeit dieses Mediums ist trotz der immer wieder festgestellten Faszination der modernen Technik nicht überwältigend. Nur knapp 15% der Mädchen sieht in diesem Medium die wichtigste Informationsquelle.[63] Zur Geschlechtsspezifik haben wir herausgefunden, dass die Mädchen häufiger den Computer für die Recherche unter Berufswahlgesichtspunkten nutzen als die Jungen. Sie sind andererseits in einer schwierigeren Lage, weil sie nach ihrer eigenen Darstellung nicht so häufig im Besitz eines eigenen Computers sind.[64]

---

60 Nach den Ergebnissen der PISA-Studie 2003, wurde die Computernutzung in der Schule in Deutschland als unzureichend bezeichnet.

61 Seifert, Karl Heinz (1982), Die Bedeutung der Beschäftigungsaussichten im Rahmen des Berufswahlprozesses, in: Sonderdruck – Mitteilungen aus der Arbeitsmarkt- und Berufsforschung (Kurzfassung) 15/1982/1.

62 Vgl. Hedtke, Reinhold (1999), Fahr'n, fahr'n, fahr'n auf der Datenautobahn? In: Gegenwartskunde 4/1999, S. 497-507.

63 Vgl. Beinke (2008), Das Internet – ein Instrument zur Berufsorientierung? Frankfurt.

64 Nach neuesten Veröffentlichungen scheinen diese Defizite aber minimiert zu sein.

Es zeigt sich als allgemein bewertbares Ergebnis, dass die Hoffnung der Schülerinnen und Schüler in den Nutzen der Internetrecherchen größer ist als sie dann tatsächlich erfahren. Sie sind zwar vorsichtig, aber eigentlich offen den neuen Möglichkeiten gegenüber. Da das Ergebnis letztlich enttäuschend sein dürfte, bleiben hier die Lehrer aufgerufen, die didaktischen Möglichkeiten einzusetzen, damit die Rechercheergebnisse gezielter im Sinne einer Individualisierung einer Information über Berufswünsche abgerufen werden können.

Da über das Internet zusätzliche und bisher nicht gekannte Daten verfügbar werden, verstärkt das für Lehrende und Lernende die Datenüberflutung. Die Internetnutzung wirkt damit problemverschärfend, denn Computer und Internet sind keine Datenfilter sondern Datenpumpen. In dieser umfassenden Informationsflut gibt es im Internet nicht die Möglichkeiten der traditionellen Medien. Deshalb sind die Nutzer darauf angewiesen, sich eine eigene Informationskompetenz zu schaffen. Das stellt extrem hohe Anforderungen an Lernende. Das Internet so betrachtet, löst nicht die bestehenden qualifikatorischen Probleme, fügt im Gegenteil noch neue hinzu.

Daten aus dem Internet müssen erst für den Lehr-/Lern-Prozess zu Informationen und Wissen gemacht werden, damit der Lernende sie beherrscht. Erst dann kann er in den Prozess der Berufsorientierung eintreten und daraus für sich brauchbare Umgangsweisen und Lernergebnisse erwarten.[65]

Die Agentur für Arbeit

Die Berufsberater der Bundesagentur für Arbeit bieten Sprechstundenvereinbarungen an, in denen junge Menschen nach Voranmeldung bis zu 30 Minuten in der Regel Informationen auf ihre Fragen erhalten können. Das Prinzip dieser persönlichen Beratung fordert, dass die Beratung eindeutig nach Effizienzüberlegungen gestaltet werden muss. Die Effizienz der Beratung wird daran gemessen, wie reibungslos und widerspruchslos sie verlief und die Ratsuchenden keine offenen Fragen mehr vorbrachten. Dabei war die Effizienz auch mit der Vermittlung in offene Stellen verbunden. Dabei bleibt sie dem Grundprinzip bis heute verhaftet, dass Berufsberatung im strengen Sinne lediglich Beratung ist und Beratungshilfe für eine individuell vom Ratsuchenden zu verantwortende Entscheidung sein kann und sein soll.

---

65   Hedtke, Reinhold, a.a.O., S. 505.

Berufsberater

Mit der Berufs- und Amtsbezeichnung „Berufsberater" sind diejenigen Bediensteten in den Agenturen für Arbeit gemeint, die für die „Einzelberatung" zuständig sind. Sie bilden das klassische Kernstück der Berufsberatung. Bei der rechtlichen Basis der Arbeit der Berufsberater muss auf das AFG – heute das SGB III – zurückgegriffen werden. In der Definition heißt es, dass zwischen Rat und Auskunft zu unterscheiden ist.

Unter Letzterem haben wir eine rein sachliche Information auf konkrete Fragen zu verstehen ohne Rücksicht darauf, ob der Ratsuchende die Berufsberatung noch über die bloße Auskunft hinaus in Anspruch nimmt. Im allgemeinen wird Auskunft gewünscht von Personen, die konkrete Berufsvorstellungen haben, diese fundieren oder ergänzen wollen, oder sie anhand der von der Berufsberatung vermittelten Informationen noch einmal überprüfen wollen.

Unter einem Rat haben wir dagegen Information zu verstehen, die bereits in Beziehung gesetzt ist zu dem einzelnen Ratsuchenden und dessen persönliche Verhältnisse berücksichtigt. Hier liegt der eigentliche Ansatzpunkt der Einzelberatung. Dazu bedient sich die Berufsberatung auch der Unterstützung durch die Schule, welche die dazu genormten Informationsbögen ausfüllt und der Berufsberatung vertraulich zur Verfügung stellt.

In den einzelnen Dependancen der Bundesanstalt für Arbeit und in ihrer Zentrale in Nürnberg zusammen wurde das System der persönlichen Berufsberater gestärkt. Das Prinzip dieser persönlichen Beratung basierte auf den Überlegungen, wie nach den Vorstellungen der Bundesanstalt sich die Wirkung von Beratung für diese Thematik am effizientesten gestalten ließe. Dabei blieb sie dem Grundprinzip bis heute verhaftet, dass Berufsberatung im strengen Sinne lediglich Beratung sah und Beratungshilfe für eine individuell vom Ratsuchenden zu verantwortende Entscheidung sein kann und sein soll.

Die erfolgreichste Gründung war die Selbstinformation durch das BIZ. Ein Berufsinformationszentrum stellt systematisch gestaltete und didaktisch aufbereitete Materialien zur Berufsinformation zur Verfügung, die verschiedensten Ansprüchen genügen soll: Systematische Einführungen und Darstellungen zur Berufswahl, kurze Abbilder über einzelne Berufstätigkeiten ebenso wie kurze Video-Filme, inzwischen Zugang zum Internet.

Da mit dem Internet der ursprüngliche Charakter der Selbstinformation wieder stärker in den Blick gerät, könnten auch die Nachteile der Internetrecherchen dieser Thematik in der Arbeit der BIZ erkennbar werden. Denn das Suchen von Informationen in Datenbanken oder mit der Hilfe von Suchmaschinen setzt für den Erfolg voraus, dass eine entsprechende Systematik für die Nutzung dieser Systeme erforderlich wird. Die Einrichtung der BIZ war auch als Entlastungs-

funktion gedacht und hier ist das Urteil über den Erfolg dieser Einrichtung zu relativieren. Beratende Tätigkeit im BIZ ist außer mit den Einführungsvorträgen
nicht vorgesehen.

Zunächst eine Anmerkung zu der Bedeutsamkeit der Informationsmaterialien, die die Bundesagentur für Arbeit als Broschüren, als Flyer oder in anderen
Produkten mehr oder weniger aufwendig zur Verfügung stellt. Jens Prager und
Clemens Wieland haben festgestellt,[66] „Broschüren und anderes Informationsmaterial spielen hingegen [anders als die Praktika und Gespräche mit Berufsexperten – *Anm. des Autors*] eine untergeordnete Rolle."

Recherchen online

Der Forschungsansatz für die Onlinerecherchen der Schüler steht in dem größeren Feld, in dem Informationen als Entscheidungshilfe für die Berufswahl angeboten werden. Sie sind der selbst gesteuerten Informationsbeschaffung zuzuordnen.

Zu „Arbeitsagentur online" kann man zusammenfassen:

– Die reine Information steht im Mittelpunkt.
– Die Interaktivität des Internets für die Kommunikation wird nur zum
  Teil genutzt.
– E-Mailkontakte zur Berufsberatung gibt es auf zentraler Ebene nicht.
– Es wird ausschließlich auf die persönliche Beratung im Arbeitsamt
  – in der Bundesagentur – hingewiesen.

Wenn hier einige Aspekte des Gesamtsystems unbeachtet bleiben, so nicht, weil
ihnen jegliche Einflussabsicht, Einflussnahme und Einflusspotenz im Zusammenhang unserer Thematik abgesprochen werden könnte. Um das an einem Beispiel zu klären: Es ist keineswegs ausschließbar, dass bereits bei einem Jungen
oder einem Mädchen in der ersten Klasse der Primarschule durch einen Lehrer
Akzente für ein Interesse geweckt werden, die sich auf die spätere Berufswunschbildung positiv oder negativ auswirken. Aber es liegt nicht nur an der
Schwierigkeit der Messung dieses Einflusses, es liegt auch daran, dass zumindest nach zwei Einflussursachen unterschieden werden muss, von denen beide
für die Erreichung des Ziels der verbesserten Berufsorientierung gegeben sein
müssen. Es sind die des intentionalen Einflusses und des funktionalen Einflusses, d.h. der gezielten intentionalen Information, evtl. sogar auf die Person eines
Schülers/Schülerin bezogen oder aber funktional durch die Haltung der Schu-
le/des Lehrers der Berufs- und Arbeitswelt gegenüber. Das Ergebnis wäre im

---

66   Prager, Jens U. / Wieland, Clemens (2005), Jugend und Beruf, Gütersloh, S. 9.

Sinne unserer Zielsetzung ein Aspekt, dem in unserem Zusammenhang ein nur geringeres Gewicht zugemessen wurde. Besonders auch, weil den Schülerinnen und Schülern im Laufe des Schullebens eine ganze Reihe solcher oder ähnlicher Einflüsse wie die geschilderten angeboten werden. Der funktionale Einfluss kann weder aus systematischen noch aus Raumgründen hier behandelt werden.

Einflüsse des BIZ und der Printmedien

Auf dem Wege experimenteller Erweiterung und Absicherung der bisherigen Berufsberatung in der Bundesagentur für Arbeit gab es eine durchaus erfolgreiche Variante: die Präsenztage der Berufsberater in den Schulen und die Teilnahme von Berufsberatern an schulischen Veranstaltungen entweder als Informationsgeber in speziellen Veranstaltungen im Unterricht in der Form des Expertengesprächs und Teilnahmemöglichkeiten durch die Wahrnehmung von Einladungen zu Elternveranstaltungen, an denen die Beteiligung der Berufsberatung als Gäste besonders erwünscht war.

Die Berufsinformationszentren waren wohl in diesen Jahren der Bemühung um eine Verbesserung der Berufswahlhilfe für junge Männer und Frauen die erfolgreichste Gründung, sicherlich auch deshalb, weil hier schulischer Einfluss nicht als Form von Hilfstätigkeiten und Serviceleistungen der Schule für die Berufsberatung gedacht war, sondern eigene, souveräne Wirkung erreicht werden sollte.

Die Gründung in Berlin war ausdrücklich experimentell angelegt und für die Selbstinformation durch die Jugendlichen gedacht. Die dort geschaffene Grundstruktur ist auch heute mit Modifikationen unter besonderer Berücksichtigung der technischen Medienentwicklungen in der ursprünglichen Form geblieben. Ein Berufsinformationszentrum stellt systematisch gestaltete und didaktisch aufbereitete Materialien zur Berufsinformation zur Verfügung, die verschiedensten Ansprüchen genügen sollen. Das sind systematische Einführungen und Darstellungen zur Berufswahl, kurze Abbilder über einzelne Berufstätigkeiten ebenso wie kurze Video-Filme, inzwischen Zugang zum Internet und den dort vorrätigen Datenbanken der Bundesagentur für Arbeit. Ergänzt wird dieses Angebot durch eine Vielzahl von ausliegenden Schriften. Diese Institution hat sich inzwischen grundlegend verändert.

Die Informationsangebote waren so konzipiert, dass eigentlich ohne Hilfe alle gewünschten Informationen erreichbar waren. Die außerschulische nachmittägliche Nutzung mit den Eltern hat jedoch an Bedeutung eingebüßt. An die Stelle sind Unterrichtsgänge der Schulen die Regel geworden und die BIZ haben darauf auch insofern angemessen reagiert, als sie klassenweise Einführungsvorträge für den Besuch und die Nutzung dieser Einrichtung anbieten.

Der ursprünglichen Zielsetzung entsprechend, sollten die Ratsuchenden auch wegen ihrer Jugend empfohlenerweise mit ihren Eltern außerhalb der Schule dieses Zentrum besuchen. Die Informationsangebote waren so konzipiert, dass sie eigentlich ohne Hilfe alle gewünschten Informationen erreichbar sein sollten. Unterrichtsgänge der Schulen – klassenweiser Besuch nach entsprechender schulischer Vorbereitung mit den Lehrern – sind inzwischen die Regel geworden. Auch die Möglichkeiten der Datensuche in den Datenbanken, die auch aus den Schulen mit entsprechender Computerunterstützung genutzt werden können, lassen sich wahrscheinlich mit der Erfolgsgeschichte weiterführen. Da allerdings mit dem Internet der ursprüngliche Charakter der Selbstinformation wieder stärker in den Blick gerät, könnten auch die Nachteile der Internetrecherchen dieser Thematik erkennbar werden. Wir haben schon darauf hingewiesen, daß das Suchen von Informationen in Datenbanken oder mit der Hilfe von Suchmaschinen für den Erfolg voraussetzt, dass eine entsprechende Systematik für die Nutzung dieser Systeme erforderlich wird. Hier sollte der Charakter der Selbstinformation ergänzt durch Hilfestellung und Kontakte mit den Schulen wieder aufgenommen werden. Die Einrichtung der BIZ war auch als Entlastungsfunktion gedacht und hier ist das Urteil über den Erfolg dieser Einrichtung zu relativieren. Beratende Tätigkeit im BIZ ist außer in den Einführungsvorträgen nicht vorgesehen, forderte ja auch neben der persönlichen Berufsberatung einen weiteren personellen Einsatz, der etatmäßig in der Bundesagentur für Arbeit nicht vorgesehen und wahrscheinlich auch nicht durchsetzbar ist. Hier bleibt also nur die Kooperation mit den Schulen oder eben auch die Übernahme der Informationsführerschaft durch die Schulen. Dass ein entsprechender Beratungsbedarf in den BIZ durch die Besucher besteht, zeigen Äußerungen, nach denen das Personal in den Zentren, das für die reibungslose Abwicklung des Besuches verantwortlich sein soll, auch als Berater eingeschätzt wird. Diesem Anspruch kann es ganz und gar nicht gerecht werden. Da die Ratsucher sich aber an dieses Personal wenden und mit den Hinweisen auf die individuelle Berufsberatung durch einen professionellen Berufsberater keine Antwort auf die aktuelle Unsicherheit sein kann, könnten hier unsachgemäße, unfachliche, ja geradezu unqualifizierte und wenig didaktisch durchdachte Informationen als Informationen fachlicher Qualität eingeschätzt werden.[67]

Die regelmäßigen berufskundlichen Veranstaltungen im BIZ sind Bewerberseminare, Messen und Info-Tage. Berufe werden von Experten, Vertretern der Wirtschaft, näher vorgestellt.

---

67 Die weitere Darstellung zum BIZ wurde der Internet-Seite der Arbeitsagentur zu Veranstaltungen im Berufsinformationszentrum der Agentur für Arbeit entnommen.

Bisher ist in keiner Befragung, gleich welcher Art, von dieser Besonderheit des BIZ berichtet worden. Es ist zu vermuten, dass diese Ergänzungen zu dem Normalangebot wenig bekannt sind.

Unter den berufskundlichen Informationen und Filmen wird das berufenet hervorgehoben und zwar als Datenbank für Ausbildungs- und Tätigkeitsbeschreibungen, umfangreiche und aktuelle Informationen zu Ausbildungsberufen und Studiengängen. Es nennt Voraussetzungen, z.b. wichtige Fertigkeiten, klärt über den Ausbildungsablauf auf und über Weiterbildungsmöglichkeiten und Verdienst.

Das berufenet informiert über Aufgaben und Tätigkeiten der Berufe und zeigt aktuelle Anforderungen in den Berufen. Einen Überblick über die Situation auf dem Ausbildungs- und Arbeitsmarkt gibt es auch. Das berufenet ermöglicht auch den Zugang zu verschiedenen Filmen über Berufe. Hinweise auf Interessentests können genutzt werden. Es stehen drei Tests zur Verfügung: Der „Interesse-Beruf", der „Berufswahltest" und studienfeldbezogene „Eignungstests". Nähere Informationen zu den drei Testmöglichkeiten sind dem Internet-PC zu entnehmen. Diese Internet-PC sind Ausrüstungen im BIZ.

Weitere Informationen, die für Berufswähler interessant sein können, sind im „planet-beruf" zu finden. Dieses Angebot der Bundesagentur stellt die schulischen Ausbildungsmöglichkeiten vor und deren Zugangsvoraussetzungen und Aufnahmebedingungen.

Einflüsse der Bundesagentur durch die Print-Angebote

Eine Anmerkung zu der Bedeutsamkeit der Informationsmaterialien, die die Bundesagentur für Arbeit als Broschüren, als Flyer oder in anderen mehr oder weniger aufwendigen Druckschriften zur Verfügung stellt, ergibt das, was Prager und Wieland festgestellt haben.[68] „Broschüren und anderes Informationsmaterial spielen hingegen (anders als die Praktika und Gespräche mit Berufsexperten) eine untergeordnete Rolle."

Die „Blätter zur Berufskunde" als Bestandteil des Print-Angebots der Bundesagentur für Arbeit – also diejenigen Informationsmaterialien, die hinsichtlich der Adressaten durch die differenzierte Darstellung ein breites Publikum erreichen sollen – erreichen als wissenschaftlich erstelltes Angebot einen sehr guten Einblick und einen sehr guten Überblick über die verschiedenen Berufe, die in Deutschland gelernt werden können. Deren spezifische Voraussetzungen, deren Arbeitsweisen, Kontakte mit Menschen, Benutzung von Materialien und Maschinen erreichen ein Publikum oberhalb des Niveaus der Haupt- und Realschü-

---

68   Prager, Jens U. / Wieland, Clemens, Jugend und Beruf, a.a.O., S. 9.

ler. Es ist geeignet für eine anspruchsvolle Beschäftigung mit der eigenen Berufswahl. Diese Materialien werden in Abständen durch empirische Erhebungen immer wieder überprüft und man kann ihnen deshalb auch einen hohen Qualitätswert (wenn auch natürlich nicht immer auf dem allerneuesten Stand) konzedieren. Diese Blätter zur Berufskunde werden in kleiner Auswahl in Einzelbroschüren auf Anforderung zugesandt. Sie sind sonst in geschlossenen Sammlungen, aber immer deutlich getrennt nach den Berufen, auf einen Handapparat in den Bibliotheken besonders auch der betroffenen Schulen zugeschnitten.

Durch die oben vorgestellten Strukturen und dem Aufbau ist der Text zugänglich gehalten. Er ist im positiven Fall von den Schülern selbst oder mit der Hilfe ihrer Eltern erschließbar, hat aber bei den Einzelbroschüren dann den Nachteil, dass einem Bewerber höchstens zwei Broschüren mit Einzelberufen kostenlos zur Verfügung gestellt werden. Die Lose-Blatt-Sammlung in den Bibliotheken dürfte eher für die Hand der Fachlehrer zugänglich sein, denn sie bietet diesen, wenn sie mit evtl. vielen Berufswünschen in ihren Klassen an die Verständnisgrenze kämen, doch einen möglichen Einstieg in die Thematik. Dieses Material erscheint noch besser bei Klassengesprächen einsetzbar, wenn die Texte offen kommentierend vom Lehrer mit ihm gemeinsam durchgearbeitet werden.

Das Print-Angebot der Bundesagentur reicht bis hin zu Flyern über Einzelinformationen und Schriften aus aktuellen Anlässen. Dazwischen sind als größere Informationsblöcke zu verzeichnen:

- „Mach's richtig" differenziert nach Schulformen – es sind Hefte, die durchgearbeitet werden können; empfehlenswert ist die unterrichtliche Bearbeitung mit Hilfe des Lehrers.
- „step plus" – eine Möglichkeit für die einzelnen interessierten Berufswähler, evtl. auch ohne unterrichtliche Betreuung.

Unterrichtliche Betreuung ist jedoch bei diesen kompakteren Informationen immer empfehlens- und wünschenswert. Dieses Medium ist auf eine computergestützte Auseinandersetzung der Jugendlichen mit ihren Fähigkeiten und Interessen ausgerichtet. Das Material ist interaktiv angelegt. Die Ergebnisse werden per Computerauswahl an die betreffenden Schüler geschickt und geben ihm aufgrund der maschinell ausgedruckten Informationen eine Auswahl von fünf empfehlenswerten Berufen.

Hier soll eine vollständige Lösung der Informationen von emotionalen Bezügen erreicht werden. Gerade durch die Computerauswertung soll der fachliche und fachkundige Charakter betont werden. Hier tritt dann auch der Nachteil dieser Methode – gestützt durch empirisch gewonnene Schüleräußerungen – zu Tage: Die Adressaten reagieren auf den Mangel an Emotionalität emotional und lehnen diese Informationen besonders deshalb ab, weil sie ihren Wünschen nicht entsprächen. Ziel ist aber, den Ratsuchenden Alternativen – also rational intendierte Angebote – vorzustellen und anzubieten.

Last but not least ist die für mich attraktivste Broschüre zu nennen: „Beruf aktuell". Sie enthält Kurzbeschreibungen zu ca. 500 anerkannten Ausbildungsberufen neben geregelten Bildungsgängen an beruflichen Schulen und zur Beamtenausbildung. Da sie nach Berufsfeldern geordnet ist, lassen sich leicht Affinitäten zu verwandten Berufen finden. Das ist in einer schwierigen Situation für Berufswähler von großem Vorteil. Daneben sind wichtige Ergänzungen zur passenden Berufsausbildung im Dualen System zu finden. Neben Bearbeitungschancen für Hilfen, die Lehrer geben möchten, ist „Beruf aktuell" leicht von Schülern zu erschließen. Klassensätze und Einzelexemplare stehen preisgünstig zur Verfügung.

„Mach's richtig" ist differenziert nach Schulformen. Es sind Hefte, die von den Schülern durchgearbeitet werden können. Empfehlenswert ist die unterrichtliche Bearbeitung;

„step plus" ist eine Möglichkeit für die einzelnen interessierten Berufswähler.

Da die Schriften – wie allgemein von solchen gebündelten Informationen erwartet werden muss – hauptsächlich zur Bestätigung des eigenen Berufswunsches genommen werden, ist damit auch eine sehr selektive Behandlung der Schriften bestätigt, so dass in einem eher negativ formulierten Urteil diese Schriften als wenig brauchbar von den Schülern eingeschätzt werden. Eine Einschätzung würde dann positiver ausfallen, wenn die Schulen sie zum Unterrichtsgegenstand machen würden. Eine engere Zusammenarbeit zwischen Berufsberatung und Schule und integrative Behandlung im Berufswahlunterricht käme dem berechtigten Anliegen der Schüler sicher entgegen.

Nach allen bisherigen Erkenntnissen sind die Informationsangebote der Bundesagentur für Arbeit – auch die der persönlichen Beratung – zur Erhöhung ihrer Effizienz auf die ergänzende Unterstützung durch unterrichtliche Einbindung oder/und elterliche Beratung zu nutzen.

Es ist nicht auszuschließen, dass in einzelnen Fällen, Schüler und Schülerinnen, die sich bereits durch großes Interesse auf bestimmte Tätigkeiten hin selbst weitgehend informiert haben, auch mit den Informationsmöglichkeiten der Agentur allein zurecht kommen. Das aber dürfte die Ausnahme sein, denn sowohl die Schriften (ausgenommen die Flyerkultur) als auch die Informationen im BIZ und besonders die Arbeit mit den Blättern zur Berufskunde sind allein deshalb schon hilfsbedürftig, da die wenigsten Schüler sich z.B. mit dem Aufbau schriftlicher Materialien auskennen. Es ist aber auch notwendig, dass die Lehrer Jugendlichen helfen, sie in Sprache und Stil der Beratung einzuüben.

Die schriftlichen Materialien der Bundesagentur für Arbeit sind stiefmütterlich behandelt. Sie werden nicht überall systematisch verteilt, sie kommen sehr unterschiedlich an die Schüler heran. Sie werden nicht nach den individuellen Bedürfnissen der Jugendlichen in den Berufswahlunterricht integriert. Dort, wo eine entsprechende Behandlung vorgenommen wird, sind die Ergebnisse günstiger.

Berufsberatung – ein Monopol für Rationalität?

Die wichtigsten Berater sind im Zweifel weniger bereit und in der Lage, nach rationalen Kriterien ihre Ratschläge und ihre Informationen vorzulegen. Die Eltern und auch beteiligte andere Verwandte und die Freunde sind keine Fachleute für eine Beratung in Berufswahlfragen. Wer ihnen aber vorwirft, sie berieten ihre Kinder nicht fachgerecht, vielleicht gar falsch, verkennt, dass die Beziehung zwischen Eltern und ihren Kindern, dass die familiale Sozialisation insgesamt, kein Unterricht zum Thema ist oder sein soll. Wenn die Jugendlichen dennoch – durchaus im Bewusstsein, dass der Kenntnisstand von Vater oder Mutter für eine objektive Beratung lückenhaft ist – die eigenen Eltern als für sie verlässliche Partner und emotionale Unterstützer einschätzen, mit denen man anders und über Anderes reden kann als mit einem Lehrer oder Berufsberater, und das konstant über alle Erhebungen in den letzten Jahren, dann ist es ein Fehler, hier keine Kompetenzen zum Thema Berufswahl zu finden. Dass dabei die Rationalität nicht untergeht, zeigt die Tatsache, dass sich viele Eltern um Auskunft, Verbindungen und Unterstützung gezielt bemühen. Die finden sich in der Bereitschaft, Bewerbungen zu unterstützen, Kontakte zu knüpfen oder auch z.T. detaillierte Informationen in der eignen Arbeitswelt zu beschaffen. Vielleicht darf man sagen, dass Eltern wichtige Partner sind, weil sie nicht mit einer rein rationalen Entscheidung ihrer Kinder rechnen.

Nach den erheblichen Anstrengungen, die inzwischen in Haupt- und Realschulen einschließlich der Zusammenarbeit mit der Bundesagentur für Arbeit zur Verbesserung der Berufsorientierung unternommen werden, überrascht es, dass nur 404 = 55% in ihrer jetzigen Ausbildung eine Ausbildung im Wunschberuf erreicht haben. Diese Diskrepanz ergibt sich aus den Bedingungen am Ausbildungsstellenmarkt und den Wunschberufen, die nicht im Verhältnis zur Leistungsfähigkeit der Probanden stehen könnten. Darin könnte ein Konfliktpotential verborgen sein. Wenn man dann noch berücksichtigt, dass 151 = 20,6%

– also jeder Fünfte – diesen jetzigen Ausbildungsberuf erst an dritter und weiterer Stelle seiner Wunschliste hatte, wird das Problem für einige Schülerinnen und Schüler im Prozess der Berufsorientierung und der Berufsentscheidung groß gewesen sein. 309 = 42,2% der Befragten, die ihren Berufswunsch nicht in einem spezifischen Praktikum testen konnten, standen vor der Frage, ob sie für den Wunschberuf eine Eignungsbestätigung erfahren hatten. Das wäre eine weitere kritische Frage an einige Aspekte der gegenwärtigen Berufsorientierung.

Wenn nur 55% ihren Wunschberuf erreichen konnten und mehr als 20% ihren jetzigen Ausbildungsberuf nur auf den 3. oder weiteren Platz gesetzt hatten, der Berufsberater nur wenige Anregungen oder Unterstützungen vorbrachte, dann kann man die Berufsorientierung nicht als gefestigt einschätzen. 44%, die im Wunschberuf kein Praktikum zur Prüfung des Wunsches besuchen konnten, hatten ihre Vorstellungen nicht festigen können, sie hatten geringere Chancen, einen gesicherten Ausbildungsbeginn zu finden. Wie sollten sie ihre Eignung testen können? Dabei waren die Chancen der jungen Frauen geringer als die der jungen Männer. Andererseits waren durch den Besuch von Betriebspraktika die Aussichten für den Wunschberuf besser. Und ein höherer Schulabschluss verbesserte auch die Chancen auf den Wunschberuf. Erstaunlich bleibt die Hoffnung auf die Berufsberatung, wenn man spürt, dass Nachbesserungen von Informationen erforderlich wären.

Diese Zusammenfassung gibt auch noch die Möglichkeit, die Notwendigkeit von Initiativen anzusprechen, mit denen die gegenwärtigen Defizite der Berufsorientierung durch eine Erweiterung der Beratung dezimiert werden könnten:

Da die Abbrecherforschung bisher überwiegend auf den Zeitbereich der Ausbildungsdauer bezogen und ein Ausbildungsabbruch nach dem BBiG als Auflösung des Ausbildungsvertrages interpretiert wurde, wurden in dieser Studie diejenigen Einflüsse untersucht, die zu Konflikten während der Berufswahl entstanden. Der Prozess der Berufsfindung kann als Konfliktursache wirken, weil es den Bewerbern nicht gelang, den im Praktikum getesteten Berufswunsch zu realisieren.

Bei einer verfehlten Berufswahl besteht die Gefahr des Scheiterns in der Berufsausbildung durch Abbruch, denn Berufswünsche werden in diesem Falle in geringerem Maß als erwartet erfüllt. Eine verfehlte Berufswahl kann und sollte deshalb dazu dienen, dass sowohl den jungen Menschen als auch den Betrieben geraten wird, sich der Berufswahlprobleme früher anzunehmen. Dann ist eine Aufklärung über die beruflichen Karrieremöglichkeiten des neu angesteuerten Berufsabschlusses und Wechsels nach der Ausbildung möglich. Denn die Probleme, die zum Abbruch führen, entstanden oft bereits vor Abschluss des Vertrages und wurden verdrängt („man werde es schon schaffen"). Wenn dann der Abbruch eintrat, war die Enttäuschung groß.

Die bisherige Hilfe bei der Berufswahl hatte das Ziel, einen Berufswunsch zu entwickeln und diesen dann zu realisieren. Wenn das misslang, ist das ein Indiz dafür, dass das Ziel nicht erreicht wurde. Die relative Häufigkeit der Abbrüche könnte dann ein Indiz dafür sein, dass der Optimismus, die unterstellte Automation zwischen Berufswunsch, Realisierung und Ausbildungserfolg nicht begründet ist. Diese Hilfen zur Berufswahl haben eine geringere Wirkung als von den Betroffenen erwartet oder erhofft wurde. D.h., die Struktur der Beratung sowohl über die Wirkung der Informationen als auch über die Zielsetzungen müssen überprüft werden, sie die Wirkungen als realitätsgerecht gestaltet werden könnten.

Der Gedanke der Berufswahl wäre obsolet, wenn nach intensiver Beratung und Betreuung und nach sorgfältiger Analyse sich die individuellen Neigungen und Reflexionen um die Neigung einer Verwirklichung der Berufswünsche als nicht kompatibel erweisen.

Die Ergebnisse der Berufswahl müssen daher kritisch hinterfragt werden, wie weit die bei den Maßnahmen zur Berufsorientierung intendierte Kongruenz zwischen Wunschberuf und Ausbildungsberuf durch die Grenzen der Berufswahlfreiheit gefährdet ist. Deshalb sollen auch Alternativen zum Wunschberuf in den Prozess der Berufsorientierung einfließen. D.h., bei den Informationen zur Berufswahl und bei den Beratungen für die Berufswähler ist neben der Chancenvermittlung, einen Berufswunsch zu realisieren, dieser Wunsch von der Situation am Arbeitsmarkt zu berücksichtigen.

Praxiseinflüsse

Das Postulat, Berufswahlen sollen durch Erlebnisse und Erfahrungen mit und in der Praxis gefunden oder doch erhärtet werden, ist zu allgemein, um daraus konkrete Formen des Praxiskontaktes herzuleiten. Die Modelle der gegenwärtigen Berufsorientierung, in der die Lerneffekte aus der praktischen Arbeit oder zumindest aus der Simulation mit ihr (Schülerfirmen, Erkundungen, Einzelpraxistage, Projektarbeit) erworben werden, haben Auswahlen getroffen und Schwerpunkte gesetzt. Besonders herausgehoben sind die Betriebspraktika und die Betriebserkundungen, die hier auch behandelt werden sollen. Einleitend sollen die Praxiseinflüsse im Überblick vorgestellt werden.

Es ist dem Gutachten der Deutschen Ausschusses über die Einrichtung der Hauptschule und darin des Faches Arbeitslehre zu danken, denn darin wurde ausdrücklich gewünscht – oder gefordert –, dass eine Berufsorientierung oder eine Vorbereitung auf die Berufswelt nicht allein durch unterrichtliche Angeboten an die Schüler gelöst werden könnten. Durch die ausdrückliche Forderung nach Einrichtung von Betriebserkundungen und Betriebspraktika sollten – in einer gewissen Anlehnung an heimatkundliche Programme in der Elementarschule – die Schüler aus der Schule heraus in die Realität geführt werden, und das nicht nur – wie es in den ebenfalls durch praxisoffene Lernorte in der Geografie, der Geschichte und der Heimatkunde geschieht – in Unterrichtsergänzungen.

Soweit der Deutsche Ausschuss seine Forderungen unter dem Begriff „Betriebserkundungen" vortrug, waren Affinitäten auch betriebskundlicher Art mit Kontakten zu der Wirtschaft in den genannten Bereichen durchaus in einer gewissen Tradition und erfuhren entsprechende Akzeptanz. Diese Tradition jedoch trafen nicht die Intentionen des Deutschen Ausschusses genau. Er setzte seine Wünsche auf Betriebserkundungen nicht nur begrifflich, sondern auch inhaltlich ab von Betriebsbegehungen, Betriebsbesichtigungen oder Betriebsbesuchen. Es gab Vorstellungen, dass man die Absichten des Deutschen Ausschusses erst dann in seinem Sinne verwirklichen könne, wenn die Erkundung als eine Feldarbeit aufgefasst würde mit analytischem Instrumentarium durch Befragungen und Beobachtungen, die in einem Vorverständnis von Wissenschaftlichkeit durchgeführt werden sollten.

Neben anderen Möglichkeiten, hochkomplexe Sachverhalte darzustellen, besteht mit der Betriebserkundung allerdings auch eine Gefahr, dass Schüler ihr eigenen Beobachtungen und Erkundungsergebnisse verallgemeinern und eben damit die Komplexität über Gebühr vereinfachen, denn das vorgeschlagene Erkundungsinstrumentarium kann in der Hand der Schüler nicht – wie es erforderlich wäre – professionell genutzt werden. Deshalb muss der nachfolgende Unterricht mit der Betriebserkundung verzahnt werden. Er ist insofern Teil der Betriebserkundung. Betriebserkundungen sind Arbeitsformen, in denen die Schüler unter gezielten Fragestellungen außerhalb der Schule Informationen sammeln, erarbeiten, festhalten und ordnen. Der besondere grundlegende didaktische Ansatz der Betriebserkundung ist ihre Aspektstruktur.

In dieser Aspektstruktur, deren Realisierung didaktisch auf mehrere Schuljahre verteilt werden muss, liegt der besondere Reiz dieses Instrumentariums zur Berufsorientierung. Diese lässt ihren Beginn bereits im 6. Schuljahr ansetzen. Damit bekäme die Berufsorientierung einen zeitlich gestreckten Ansatz, der bereits frühzeitig Akzente setzen lässt.

Sechs Aspekte lassen sich darin einordnen, die in einer je einzelnen Betriebserkundung als zentral abgedeckt werden können.

– der technologische Aspekt
– der betriebswirtschaftliche Aspekt
– der soziale Aspekt

- der ökologische Aspekt
- der Konsumentenaspekt
- der berufskundliche Aspekt, der der Leitaspekt mit seiner Möglichkeit ist, auf das Betriebspraktikum hinzuwirken

Neben dem jeweils zentralen Aspekt einer Erkundung sind andere selbstverständlich zuzuordnen.

Mit den Betriebspraktika forderte der Deutsche Ausschuss hinsichtlich seiner Intention nicht nur die Schule und damit den pädagogische Raum zu verlassen, sondern an entsprechendem Lernort auch Tätigkeiten der betroffenen Schüler zu ermöglichen.

Bei diesen beiden Möglichkeiten, Praxiseinflüsse für die Gestaltung des Systems der Berufsorientierung zuzulassen oder geradezu zu fordern, sieht sich die Schule noch immer vor gravierende Probleme gestellt:

Die Praxiseinflüsse sowohl der Erkundung als auch des Praktikums entfernen sich von den Ansätzen der Didaktisierung der Inhalte durch die Pädagogen für den Unterricht. Durchgeplante Praktika unterstellen ein unproblematisches Verhältnis zwischen Wahrnehmungen und den in Lehrplänen vorgesehenen Verallgemeinerungen. Sie übersehen damit nicht nur die wissenschaftslogischen und methodischen Probleme, die zu lösen sind, wenn Beobachtungen (Daten) und Verallgemeinerungen (Allaussagenhypothesentheorie) in mehr als beliebiger Weise verknüpft werden sollen. Sie übersehen auch den Status der meisten sozialwissenschaftlichen Aussagen, die eher unpräzisen Formulierungen der meisten Behauptungen, desgleichen das Vorliegen konkurrierender Hypothesen und Paradigmen, tendenziell zunehmende Komplexität von Aussagen, die eher korrelativen statt kausalen Zusammenhänge in ihnen. Die Eigenschaften machen eine problemlose Veranschaulichung von Wissenschaft, die Verbindung von Theorie und Praxis mit Hilfe von Erkundungen und Praktika illusorisch: die Reichweite von Erkundungen und Praktika ist sehr viel geringer.

Zur Genese der Betriebspraktika muss man wissen, dass diese zunächst ohne eine Vorbereitung durchgeführt werden sollten. Unmittelbare Konfrontation, Einsichten über betriebliche Wirklichkeiten, über Arbeitswirklichkeiten und damit letztlich auch über berufliche Perspektiven in den Betrieben waren als Ziele der Praktika vorgegeben. Nur Lehrer mit einem adäquaten Erfahrungsweg konnten solche Veranstaltungen bändigen. Alle anderen scheiterten, sie nahmen die Praktika als Gelegenheit wahr, selbst erst das zu lernen, was sie lehrend begleiten sollten.

Es gab letztlich bei den Praxiseinflüssen drei Unterscheidungsmerkmale oder kritische Punkte, die verschiedene Entwicklungen einforderten:

63

- die konsequente Aufforderung, dass Schule zum Erlernen der Praxis
  – und hier gemeint der Arbeitspraxis – die Schule verlässt und z.t.
  ungesicherte und ungeschützte Eindrücke auf die Schüler zulässt;
- die Differenzierung nach der Struktur, wie Praxiseinflüsse zugelassen
  werden sollen: in der Form der Betriebserkundung und in der Form des
  Betriebspraktikums – in beiden Fällen mit zwar verschiedenen, aber doch
  nicht von der Pädagogik gestaltbaren und definierbaren Zielsetzungen;
- Versuche, über politische Einflussnahme das Fach als ein Instrument zur
  Gesellschaftsveränderung zu gestalten.

Der letzte kritische Punkt muss besonders beachtet werden. Denn sowohl durch
die gestaltungs- und Definitionsmacht der Kulturbehörden der Bundesländer,
aber auch durch mediale Präferenzen und auch durch einige Wissenschaftsdis-
ziplinen, die nicht frei von politischen Grundvorstellungen sind, werden diese
Instrumentarien belastet. Aber: Ein veränderter Blick auf Praxis vermag sie zu
entstellen.

Die plumpe Konfrontation mit Praxis ohne Vorbereitung – das gilt nicht nur
für Schüler – verkennt die Möglichkeiten, ein Ganzes wahrnehmen zu können.
Es werden jedoch nur Teile wahrgenommen und diese Teile sind selten bei dieser Methode Exempel. Aber auch die Verarbeitungen von Wahrnehmungen sind
kaum geeignet – wenn man keine Kriterien für eine Interpretation auf das anvi-
sierte Ziel hat – einen Zugang zu diesem Ziel zu finden.

Betriebspraktika

Sieht man auf die Betriebspraktika, die eine besonders ausgeprägte Institution
im System der Berufsorientierung sind, dann findet man hier teilweise aktionis-
tische Versuche, ja Auswüchse, die sich kaum durch Grenzen bändigen ließen:
Es gab und gibt Schulen, die sahen einen Weg, mit den Betriebspraktika die
zentralen Positionen einer auf die Probleme der Arbeitswelt gerichteten Bildungsreform in Berufswahlcurricula auszulagern. Es begann schon früh: Zuerst
reichten die eingerichteten zwei Praxiswochen nicht aus, es wurden drei gefordert. Statt des einen – denn die Übersichtlichkeit der Berufswelt war ja so groß –
sollten es zwei werden mit mindestens je 2 Wochen. Weitere Steigerungen
durchaus nicht ausgeschlossen.
Statt der Betriebspraktika wurde der Gedanke der Tagespraktika wieder her-
vorgeholt und Praktikumszeiten vorgegeben, die den Eindruck erweckten, eine
verantwortungsbewusste Auseinandersetzung mit den Abschlussjahrgängen der
Hauptschule fände nicht mehr statt. Auch die Inflation der Modelle zur Berufs-

64

orientierung, i.d.R. mit Betriebspraktika verbunden, ist begleitet von einer Verflachung der Prüfung über deren Eignung.

Sie lässt

- keine Prüfung der Stichhaltigkeit der Maßnahmen erkennen;
- nicht die erforderliche Vernetzung der unterschiedlichen Teilnehmer an Beratungs- und Informationsquellen erkennen;
- die Prüfung der Realisierbarkeit der Ergebnisse am Ausbildungsstellenmarkt außer Acht;
- die Frage der Eignung,[69] die in der Person des jeweiligen Bewerbers liegt, ungeprüft.

Es scheint ein Diskussionspunkt noch immer nicht genügend reflektiert und auch nicht genügend in den vielen Versuchen evaluiert zu sein: Welches Ziel sollen die praktischen Tätigkeiten – auch in Schulwerkstätten – und die Praktika in Betrieben erreichen? Welche Kenntnis von Betrieben und deren Fertigungsabläufen müssten den Schülern – aber auch den Lehrern – bekannt sein?

Ein weiterer Gedanke, der zur Bewertung von Praktika wichtig ist, ist die Heterogenität der Betriebe, deren Bereitschaft mit den pädagogischen Absichten konfligieren können. Aber die Bedingungen zwischen Betrieben und Schule müssen reflektiert werden, soll die Wirklichkeit erfahrbar sein. Nach dem Abschluss eines Praktikumsvertrages besteht für den Betrieb keine Ausbildungsverpflichtung und demzufolge also auch kein Zwang zur Einhaltung eines Mindestmaßes an Gestaltung von Lernumgebung seitens des Unternehmens,[70] – anders als bei einem Lehrvertrag.

„Eine bestimmte Gruppe von Betrieben ist nur in spezifischen Situationen bereit, im Rahmen des Betriebspraktikums in intentional gesteuerte Lernprozesse der Praktikanten... die dazu notwendigen Lehr- und Unterweisungskontexte zu investieren"[71], denn hier stellt sich die Frage nach den Kosten.

Praktika – so die Meinung jeweils einer relativen Mehrheit von 44% aller befragten Jugendlichen und jungen Erwachsenen im Westen und 42% derjenigen im Osten – helfen während der Schulzeit am besten bei der Vorbereitung auf das Berufsleben.[72] 30% im Westen und 28% im Osten sagen, dass es in der Schule nichts gab, was ihnen persönlich zur Job-Vorbereitung dienlich war oder

---

69 Das Problem der Eignungsfeststellung haben wir in einem eigenen Kapitel behandelt.
70 Buer van, Jürgen / Troitschanskaja, Olga / Höppner, Ivonne (2004) Das Praktikum in der dreijährigen Berufsfachschule – Lernortkooperation und Lernortkoordination? In: Euler, Dieter (Hg.), Handbuch der Lernortkooperation Band 1, Bielefeld, S. 432.
71 Ebd. S. 433.
72 ipos (2002), Jugendliche und junge Erwachsene in Deutschland, Berufsvorbereitung.

ist. 12% im Westen und 13% im Osten nennen an dieser Stelle die Lehrerin oder den Lehrer als Informant, für 9% im Westen und 13% im Osten kam die größte Hilfestellung von der Berufsberatung der Agentur für Arbeit.

Insgesamt nahezu ein Drittel aller Befragten äußert sich aber zu der Frage nach der Berufsvorbereitung in der Schule, dass es während der Schulzeit keinerlei sinnvolle Berufsvorbereitung gegeben habe. Kritik kommt aber vor allem auch aus den Reihen der Befragten mit Praxiserfahrungen, die sie inzwischen selbst aufnehmen konnten: 40% der Berufstätigen reklamieren, dass es während ihrer Schulzeit keine Hilfe gab.

Soweit „Erfolgsmeldungen" über den Wert eines Betriebspraktikums für die Berufsorientierung. Es muss die Frage erlaubt sein, wann die Betriebspraktika ihrer Aufgabe zur Förderung der Berufswahlsicherheit am besten gerecht werden.

Die Schule gestaltet das Betriebspraktikum an den Interessen der Schüler dann vorbei, wenn sie die dargelegten Zusammenhänge nicht genügend berücksichtigt, denn ohne die notwendigen Realitätsbezüge bleiben die Schüler eigentlich ohne Hilfe. Wenn sie im technischen Bereich eines Praktikums zu 66% mit Hilfsarbeiten[73], zu 53% mit Übungsarbeiten und zu 19% mit Reparaturen und im kaufmännischen Bereich zu 67% mit Hilfsarbeiten, zu 50% mit Ordnungsarbeiten, zu nur 45% mit selbständiger Arbeit beschäftigt wurden[74] und den Schülern von den Betrieben fast nur solche Tätigkeiten zugewiesen werden, die kaum in einem unmittelbaren Zusammenhang mit den Berufswünschen stehen, dann werden die Schwierigkeiten deutlich. Mir scheint, dass ein entscheidender Widerspruch in der Beurteilung des Betriebspraktikums in zwei kontroversen aber gleichzeitig vertretenen Auffassungen zu sehen ist.

Betrachtet man die Genese des Faches Arbeitslehre[75], dann wurde die Diskussion um das Betriebspraktikum kontrovers geführt. Je nach den Zielen, die in diesen Diskussionen diesem Instrument der Praxisorientierung, muss das Betriebspraktikum unterschiedlich bewertet werden. Auf der einen Seite soll die Wirkung der Realität selbst die entscheidenden Impulse auslösen, die ihm dann die Berufswahl oder eine Entscheidung berufsähnlicher Art ermöglichen. Demgegenüber steht die Auffassung, dass in einen Beruf nicht durch das Erwerben von Kenntnissen, Fähigkeiten und Fertigkeiten eingeführt werden kann. Vielmehr sei diese Einführung in einen Beruf überhaupt ein allgemeiner Erziehungsvorgang, der der ganzen Schule aufgegeben sei. Darin sei das Praktikum als Teil des Unterrichts zu integrieren. Wir präferieren die Funktionsbestim-

---

73   Es waren Mehrfachantworten zugelassen.
74   Die Werte ergaben sich aus Mehrfachnennungen.
75   Die Genese wird in einem eigenen Kapitel vorgestellt.

mung: Berufsorientierung. Damit wäre, entsprechend der Grundvorstellung des Deutschen Ausschusses die Neuausrichtung des (west-)deutschen Bildungswesens vollziehbar. Die Genese der deutschen Berufsberatung[76] hat seit ihrem Beginn bis heute gezeigt, dass alle anderen Konzepte besonders die Schule immer wieder scheitern ließ. Sie wurde diesem früh schon gestellten Anspruch nie gerecht. Es muss deshalb deutlich werden, dass mit den Betriebspraktika ein Bewusstsein und eine Motivation einsetzen sollen, die die allgemein bildende Schule in die Lage versetzt, wirklich Berufswahlhilfe zu leisten.

Mit dieser Forderung war allerdings noch nicht wirklich eine curriculare Einbindung der Praktika in die Berufsorientierung möglich.

Die Wirksamkeit der Betriebspraktika auf die Berufsfindung und besonders auf die Berufswunschkontrolle bringt eine Reihe von Diskrepanzen zwischen Anspruch und erreichten Ergebnissen hervor. Darüber hinaus scheint die Berufsberatung für Schüler als Aufgabe des Lehrers zwiespältig zu sein.

1. Der Berufsberatung steht die Priorität zu. Sie kann sich auf gesetzliche Regelungen berufen, die Schule dagegen nur auf individuelle Regeln und Zuständigkeiten in Lehrplänen und Vereinbarungen wieder mit der Arbeitsverwaltung und von der Ergänzungs- oder Hilfsfunktion der Schule.

2. Gutachten und Lehrpläne sprechen in der Regel nur von der Anbahnung der Berufswahlreife. Nicht die Schule, die Landesregierungen und die KMK haben diese Vereinbarung getroffen, die auch teilweise das BIBB einbeziehen, womit der Lehrer, der weitergehen möchte, in Konflikt mit diesen Festlegungen gerät.

3. In der Regel fehlen den Lehrern die Kenntnisse über die Berufswelt, so dass sie nach Einsicht in die Notwendigkeit der Berufsberatung zur Rationalisierung[77] neigen, um letztlich diesen Anspruch doch wieder abzuweisen.

4. Trotz dieser Einschränkungen bei dem Problem der Berufsberatung bestehen die Ansprüche an den Lehrer hinsichtlich seiner Hilfen in diesem Prozess weiter. Dabei zielen die Ansprüche der Wirtschaft darauf, dass die Lehrer – ja die Schule in toto – darauf hinführen müsse, dass eine Ausbildungsfähigkeit in diesem System erreicht werde. Für die Lehrer ist das Instrument der Berufsberatung eher als Mittel zur Emanzipation der Schüler zu bewerten.

5. Betriebspraktika entziehen sich – wollen sie ihre genuine Wirkungsmöglichkeit nicht teilweise verlieren – einer durchgehenden Planung. Durch-

---

76 Auch diesem Thema haben wir ein eigenes Kapitel gewidmet.
77 Um Missverständnisse zu vermeiden: Der Begriff Rationalisierung ist hier nicht im betriebswirtschaftlichen, vielmehr im psychologischen Sinne verwendet.

gehende oder vollständige Planung unterstellt ein unproblematisches Verhältnis von Wahrnehmungen zu den Lehrplanvorgaben.

Wenn Beobachtungen (Daten) und Verallgemeinerungen in mehr als beliebiger Weise miteinander verknüpft werden sollen, entsteht ein Problem. Die Eigenschaften der Praktika machen eine problemlose Veranschaulichung von Wissenschaft, die Verbindung von Theorie und Praxis mit Hilfe von Erkundungen oder Praktika illusorisch: die Reichweite von Erkundungen oder Praktika ist durch eben diese Eigenschaften sehr viel geringer als bei der Einrichtung dieser Berufsorientierungstechnik erwartet.

Eine Bewertung von Betriebspraktika bedarf zunächst der Klärung seiner Ziele und einer systematisierenden Übersicht.

Seinen eigenständigen Wert gewinnt das Praktikum durch zwei ihm eigentümlichen Wirkungen:

- Die Schüler können ohne Einfluss curricularer Überlegungen sich selbst die Informationen in der Struktur und im Umfang verschaffen, die sie wünschen und die sie an individuelles Vorwissen anknüpfen können. Sie sollten in diesem Prozess durchaus in der Lage sein, die Informationsqualität der verschiedenen Anbieter zu gewichten.
- Mit der Erfahrung im Praktikum ist es den Schülern und Schülerinnen möglich, den Erfahrungsraum und das Erfahrungswissen der Eltern zu prolongieren und damit dieses Vorwissen mit dem neuen Wissen auf einer Metaebene zu verbinden.

Zielsetzung

Im Betriebspraktikum sollen die Schülerinnen und Schüler gezielt und selbstentdeckend Informationen sammeln. Außerdem sollten die Schüler bei diesen zwei- bis dreiwöchigen Veranstaltungen in Produktion oder Dienstleistung an deren Arbeitsvorgängen selbst beteiligt werden.

Um der Gefahr der vorschnellen Generalisierbarkeit des Erlebten und Gesehenen zu entgehen, muss die platte Konfrontation mit der Arbeitswelt dadurch vermieden werden, dass die Schüler erfahren können, dass die Arbeitswelt durch einen Einblick in die Struktur der jeweiligen Betriebe transparent wird. Die Transparenz kann aber durch eine zu große Informationsfülle (Erklärungen, Leitfäden) genau so behindert werden wie durch die bloße Konfrontation.

Die Aufgaben, die ein Praktikum erfüllen kann, beginnen mit dem Hineinstellen der Schüler in eine Ernstsituation, 1. um ihnen erste Eindrücke von produktionsorientierten Arbeiten zu vermitteln und 2. zur Motivierung der schulischen Betätigung beizutragen. Darüber hinaus sollen sie erkennen, dass die Berufswahl vielschichtig ist und in begrenztem Umfang sollen von den Praktika persönliche Erprobungsmöglichkeiten angeboten werden, die also vom Bobachten zum Mitgestalten führen.

Zwar wird die Notwendigkeit der Betreuung der Praktika, ihre Vor- und Nachbereitung immer wieder gefordert. Doch die Forderungen haben eindeutig eine Schutzfunktion vor den kritischen Einwendungen gegen diese Veranstaltungen. Denn 1. werden die Forderungen in der Praxis kaum befolgt, und 2. sind die Lehrer auf die Betreuung in ihrer Berufsausbildung gar nicht vorbereitet worden, können sie also nicht erfolgreich übernehmen.

Die Orientierung der Lehrer, die sich für die Einführung, Vorbereitung, Durchführung und Nachbereitung der Betriebspraktika einsetzen, ist stets im Zusammenhang mit der gegenwärtig noch stark im Vordergrund stehenden Auffassung von beruflicher Wirklichkeit zu sehen, die trotz öffentlicher Hinweise auf die Notwendigkeit zur Mobilität immer noch dann als hochrangig angesehen wird, wenn sie auf lebensberufliche Strukturen abgestellt wird.

Betriebspraktika sind das Schwergewicht im System. Die Betriebspraktika verschaffen den Jugendlichen dann nur unzureichende Kenntnisse über die Betriebssituation, wenn sie als isolierte Instrumente eingesetzt werden. Die Praktika in toto und die Art der ausgewählten Tätigkeiten können nicht helfen, die Lage zu erhellen. Es werden ihnen also auch nur diejenigen Arbeitsfunktionen verdeutlicht, die zufällig auftauchen oder die von den Betriebsinteressen gefiltert sind. Die Schüler, die mit der Erwartung in ein Praktikum gehen, über „ihren Beruf" Wichtiges zu erfahren, erfahren am Arbeitsplatz einige unzusammenhängende Funktionen, die in den Wunschberufen vorkommen.

Eine Berufswunschkontrolle ist den Betriebspraktika nur eingeschränkt möglich. Die Konfrontation mit dem Wunschberuf in einer praktischen Ausprägung ist ein alternatives Ergebnis, das zu einer Ablehnung zu dieser Berufsausbildung führt. Eine Ablehnung des ursprünglichen Wahlberufes würde keine positive Entscheidung für einen anderen Beruf bedeuten, und gerade das braucht der Jugendliche dann.

Wenn man sich vergegenwärtigt, dass auf der einen Seite die Betriebspraktika Mängel aufweisen, auf der anderen Seite aber Schüler für die Praxis motivierbar bleiben sollen, müsste man daraus etwas Neues machen. Dieses Neue lässt sich aber nicht im Praktikum selbst erreichen, weil es immer theorielose Konfrontation mit Erscheinungen in der Arbeitswelt bleiben wird. Die Erscheinung z.B., dass man an einer bestimmten Maschine nur langweilige Arbeiten verrichten muss.

Zentrale Fragen haben noch immer ihre Relevanz. Wie weit z.B. Praktika Auswirkungen auf die Berufswahl haben, kann heute keineswegs abschließend beantwortet werden. Zwar gelten die oft erhobenen Befunde, nach denen die

Schüler die Praktika als wichtigste Informationsquelle nannten, nach wie vor. Wenn man aber die aus der Abbrecherforschung vorliegenden Ergebnisse heranzieht, nach denen es vielen jungen Menschen nicht gelingt, einen Ausbildungsplatz im Wunschberuf zu bekommen, dann prägt das die Aussagen, die Praktika hätten bei der Berufswahl für viele kein besonderes Gewicht gehabt.

Hier zeigen sich auch die Grenzen des Praktikums. Für eine komplexe Tätigkeit haben die Schüler nicht die nötige Qualifikation. Aber ein völliger Verzicht auf Praktika kann die Arbeitswelt gerade nicht erfahrbar machen. Es ist aber ebenso unrealistisch zu erwarten, Praktika wirkten als solche als hervorragendes Instrument, Betriebs-, Arbeits- und Berufsrealität in ihrer Komplexität transparent und verständlich zu machen – zur Vermittlung von Handlungskompetenz.

Die Lehrer und Lehrerinnen haben selbst keine Erfahrungen und genauen Kenntnisse über die im Praktikum zu erprobenden Ausbildungsberufe. Wie weit kann durch die geforderte Nachbereitung des Praktikums, die für eine Berufswunschkontrolle unabdingbare Voraussetzung ist, die Eignungsfeststellung für einen Beruf überhaupt getroffen werden? Hinsichtlich des sozialen Aspektes bleibt anzuzweifeln, ob beispielsweise Konfliktsituationen in der zumeist dreiwöchigen Praktikumszeit in ihrer ganzen Tragweite erfasst und nachvollzogen werden können – wenn sie denn in der Praktikumszeit offen erkennbar auftreten.

Soviel zur Kritik, nun zum Leistbaren des Praktikums.[78]

Durch die umfangreichen, wenn auch nicht unkritisch zu sehenden Bemühungen, die Berufswahl für die Jugendlichen zu erleichtern, ist ein Wandel feststellbar. Anders als noch 1972 in der Hamburger Lehrlingsstudie von Wilfried Laatz, sehen 50% der Probanden, dass ihre Berufsentscheidung sich in optimaler Weise nach den eigenen Erfahrungen und Neigungen richten konnte. Insbesondere wegen der Wirksamkeit des Betriebspraktikums in diesem Entscheidungsprozess zur Unterstützung des Berufswunsches findet sich als wichtiger Grund die Absolvierung des Betriebspraktikums im Wunschberuf. Wird dieser Zusammenhang vernachlässigt, bleibt nach wie vor die Wirksamkeit des Betriebspraktikums geringer.

Zunächst soll eine Synopse positive Möglichkeiten des Praktikums aufzeigen. Es kann:

---

78 Vgl. Beinke, Lothar (1987) Zusammenarbeit zwischen Berufsberatung und Schule und Das Betriebspraktikum im Rahmen der Berufsorientierung, in: DBA 3-4/1987, S.10.

- erste Einblicke in bisher unbekannte Lebensbereiche geben;
- den Abbau von Schwellenängsten vor der Berufs- und Arbeitswelt erreichen;
- eine Berufsorientierung durch die Konfrontation der Schülerinnen und Schüler mit der Berufswahl herbeiführen;
- eine Konfrontation mit körperlichen und geistigen Anforderungen und Belastungen eines Berufes und daraus resultierender Einschätzung der eigenen Stärken und Schwächen herstellen;
- die Einübung von Arbeitstugenden (Ausdauer, Aufmerksamkeit, Anpassung u.ä.) organisieren;
- technische Einsichten und Vermittlung von Sensibilität fördern;
- Verhaltensweisen im Umgang mit Vorgesetzten und Kollegen einüben.

Allerdings verstellt die undifferenzierte Auswertung von Betriebspraktikumsergebnissen – z.B. die Vernachlässigung der Geschlechterdifferenzen – die konkreten Beurteilungsmöglichkeiten über den Einsatz der Betriebspraktika.

Man muss von Berufswünschen der Betreffenden ausgehen, die sich prozesshaft in den letzten Schulbesuchsjahren entwickeln.[79] Da Berufswünsche in einem bestimmten Entwicklungszusammenhang stehen, richten sie sich letztlich nach dem Angebot der Ausbildungsplätze. Die tatsächlich vorhandenen Ausbildungsmöglichkeiten üben einen starken Einfluss auf die Berufswünsche der Jugendlichen aus. Berufsausbildungsgänge und spätere Erwachsenentätigkeiten lassen sich jedoch oft nicht eindeutig zuordnen.

Probleme beim Einsatz von Betriebspraktika

Das Betriebspraktikum ist ein Kernbereich des System Berufsorientierung. Es kann aber nicht, wie Eckert/Stratmann hervorheben, alles leisten. Es kann Zusammenhänge zeigen, da nur auf diese Weise die gesammelten Informationen die Möglichkeit verschaffen, durch die Oberfläche der von ihnen gezeigten Erscheinungen zu dringen.

Eine Diskussion um die Praktikumsdauer allein ist für eine Lösung nicht konstruktiv. Es signalisiert aber in jedem Falle, dass die Betroffenen mit dem Ergebnis dieses einen Betriebspraktikums gerade nicht die in es gesetzten Er-

---

79 Gegenwärtig werden Überlegungen angestellt und Vorschläge geprüft, wie weit die schulische Vorbereitung auf die Arbeitswelt nicht früher – vielleicht sogar in der Primarstufe – einsetzen müsste. Dazu bedürfte es der Entwicklung spezieller Curricula, die vermeiden, dass sie bereits früh eine Berufswahlunterstützung in die Schule tragen, die aber über Zusammenhänge zwischen der Wirtschaft und der privaten individuellen Existenzsicherung aufklären.

wartungen erfüllt sahen, dass nämlich der Lernort Betrieb im Praktikum die Sachverhalte vermittele, die im Unterricht der Schule notgedrungen abstrakt bleiben müssen.

Nun gilt das Praktikum nicht allein der Berufswunschkontrolle und der Berufsfindung. Neben der Aufgabe, Berufsfindung und Berufswahlfunktion zu übernehmen, hat das Betriebspraktikum noch weitere Funktionen: Orientierungsfunktion; Motivationsfunktion; Transfer- bzw. Verknüpfungsfunktion; Lern- bzw. Qualifizierungsfunktion; Sozialisationsfunktion; Kontrollfunktion.[80]

Dennoch geht die Motivation zum Eintritt in ein Betriebspraktikum eindeutig von der Vorstellung der Berufswunschkontrolle aus. Die Hauptwirkung der Betriebspraktika liegt in der Verstärkung von konkreten – in geringerem Maße auch auf Abschreckung von vorangegangenen – Wünschen. Anregungen zu neueren Überlegungen, die dann auch auf Entscheidungen durchschlagen, sind zwar sekundär; wenn sie für den oder die Betroffenen jedoch auftreten im Sinne der Erkenntnis, zur Berufsfindung noch weiter arbeiten zu müssen, sind sie als durchaus wichtig zu nennen.

Was aber in Bezug auf Praktika und praktische Arbeiten Schüler neben der Schule erfahren können, wird – wenn auch noch indirekt – durch jüngste Befragungen bestätigt.[81] In dem Modellversuch von van Buer u.a.[82] lautet der Befund, dass der neue Erfahrungsraum Betrieb den Weg „weg von der Schule" als attraktiv zeigt. In einem realen Betrieb arbeiten zu dürfen, löst bei den Jugendlichen eine besonders stark positiv besetzte Emotionalität aus. Erlebte Kompetenzzuwächse oder die Bedeutung der Tugenden für die spätere Arbeits-/Berufstätigkeit werden dadurch überlagert.[83] Gilt das auch für die Berufsorientierungen?

Voraussetzungen

Auf das Betriebspraktikum wird in der Literatur häufig als das wichtigste methodische Instrument für das Kennenlernen des Berufes hingewiesen. Es müssen aber bestimmte Voraussetzungen erfüllt sein, wenn es diese hoch gesteckten Erwartungen wirklich erfüllen will. Es kann kein Ersatz für ökonomische, technische und berufskundliche Grundstudien in der Schule sein.

---

80 Van Buer u.a., a.a.O., S. 438.
81 Das sind noch nicht abgeschlossene eigene Studien, die auf die Relativität von Berufserkundung in Praktika aufmerksam machen.
82 Van Buer u.a., a.a.O., S. 440.
83 Ebenda, S. 442 f.

Positive Wirkungen in Einzelaspekten sind auch die Reduktion von Unsicherheit im Berufswahlprozess, die Stärkung des Selbstbewusstseins und das Aufsuchen von Beratern. Die Einflüsse auf konkrete Berufsentscheidungen werden von ihm überwiegend in der Bestätigung des Berufswunsches gesehen. Praktika helfen zwar während der Schulzeit am besten bei der Vorbereitung auf das Berufsleben. Dieses Urteil gilt als allgemein akzeptiert. Da aber nach Eintritt in die Ausbildung oft von den jungen Menschen Kritik geübt wird, während der Schulzeit habe es keine Hilfe in der Berufswahl für sie gegeben, darf man vermuten, dass positive Ergebnisse nur mit ergänzenden Informationen erwartet werden.

Bei der Zustimmung zur Durchführung von Betriebspraktika wirken die schulisch-/organisatorischen und auch individuellen Interessen der Beteiligten bestimmender als die didaktische Einsicht. Es bleibt in jedem Falle wichtig, dass die Jugendlichen erkennen, dass die Berufswahl vielschichtig ist. In begrenztem Umfang sollen von den Praktika persönliche Erprobungsmöglichkeiten angeboten werden, die sich konkret an den Berufswünschen ausrichten.

Es ist noch ein Nachtrag notwendig: Bereits 1978 hatten Eckert/Stratmann[84] einen Zusammenhang zwischen der funktionsgerechten Einordnung von Betriebspraktika aufgezeigt.

Durch Betriebspraktika sollten nach ihrer Interpretation des Deutschen Ausschusses die Schüler von der Schule für das Leben erhellende und strukturierende Einsichten erhalten[85], die erst dann den Praxisbezug erhalten, wenn in der Schule das Problembewusstsein geweckt und das Arbeitsleben auf Kategorien beziehbar sein soll, denn sonst könne sich allein durch die Konfrontation im Betrieb nur zu leicht Falsches als richtig darstellen und würde hingenommen. Sie forderten damit, was heute unter dem Begriff „Lernortkooperation" diskutiert wird. Die unterrichtliche Aufarbeitung und Aufbereitung des zu Erfahrenden wird damit zentral. Auf das Praktikum bezogen könne diese Aufarbeitung und Aufbereitung nicht geleistet werden, wenn nicht ein didaktisch übergreifendes Konzept vorhanden sei und verfolgt wird. Es erscheint uns wichtig, auf diese frühe Kritik einzugehen, die auf die Gefahren eines falsch konstruierten – und didaktisch nicht integrierten – Betriebspraktikums aufmerksam machte. Wir haben in einem eigenen Kapitel die „Lernortkooperation" als Teil des Systems Berufsorientierung behandelt. Das Referat über die Warnungen von Eckert/Stratmann gehört auch in die

---

84   Eckert, Manfred / Stratmann, Karlwilhelm (1978), Das Betriebspraktikum, Köln, S. 12.
85   Ebenda, S. 14.

Auseinandersetzung mit der gegenwärtigen Diskussion um die Zusammenarbeit der Lernorte im Betriebspraktikum.

Es wird daran deutlich, wie das Betriebspraktikum, das als eine wichtige Möglichkeit gilt, in pädagogisch-didaktisch verantwortlicher Weise an die Wirklichkeit des Lebens außerhalb der Schule heranführen kann. Für Eckert/ Stratmann bedeutet das allerdings nicht, dass das Betriebspraktikum nur als Gegenstand einer Lernortkooperation gesehen werde, sondern auch als eine Unterrichts„form".[86] Sie möchten das Betriebspraktikum als Teil einer Lernortkooperation deshalb nicht verstanden wissen, da nach ihrer Ansicht erst in einer weiteren Auseinandersetzung mit der Frage gelöst werden könne, ob das Betriebspraktikum auch seine Vorbereitung im Unterricht durch die Diskussion um die Lernortkooperation anrege. Sie fordern weiter, das Betriebspraktikum als Teil in einem „System"[87] zu betrachten, in dem es einen wichtigen, aber nicht einen alleinigen Platz einnehmen kann.

Das Spannungsfeld, in dem das Praktikum nach dieser zwingenden Verbindung bestehen soll wird begründet, was man im Praktikum erfahren und lernen kann. Denn „anders als in der Schule, wo Ziele und Inhalte in die methodische Gestaltung des Unterrichts als determinierende Faktoren eingehen, ist ein Praktikum immer ein zeitweiliger Eintritt in einen vorgegebenen und bereits strukturierten Rahmen. Hier sollen Schüler durch eigene Erfahrungen und Ergebnisse zu Erkenntnissen über diesen Bereich gelangen, ohne dass dieser Bereich etwa nach pädagogischen Gesichtspunkten umgestaltet werden könnte."[88]

Eckert/Stratmann waren darin kritisch mit der Praxis umgegangen, Erfahrungserwartungen an Betriebspraktika zu stellen. Verlange man das, löse man das Praktikum aus den unterrichtlichen Zusammenhängen.[89]

---

86 Die Autoren benutzen diesen Begriff, um die Ungenauigkeit anzudeuten, unter der das Betriebspraktikum verstanden, durchgeführt und auch letztlich in die schulische Arbeit eingefügt wird. – Das galt natürlich für die Zeit, in der das Manuskript für das Buch erstellt wurde.

87 Wir stellen uns auch in diesen umfassenden Ansatz.

88 Ebenda, S. 36.

89 Das eben ist eine Haltung gegen die Betriebe, die sich der Aufgabe des Übergangsmanagements weder entziehen wollen noch können.

Abschnitt III
Bedingungen der Realisierung

Nach der Übersicht der im System Berufsorientierung vorgestellten Teilsysteme, die alle in individuellen, in verschieden starken Inanspruchnahmen und Wirkungsmöglichkeiten das Gesamtsystem bilden, stellen wir nach Abschnitt II, in dem wir die Institutionen darstellten, die die Berufsorientierung bewirken, in diesem Abschnitt die Teilsysteme in ihren potentiellen Ausprägungen vor. Damit werden Aussagen über die Beiträge möglich, die zur Berufsorientierung und ihrer individuellen Verwendbarkeit zur Verfügung stehen. Diese Verwertbarkeit ist für die Berufswähler ein Potential, auf das die Institutionen zu ihrer Wahrnehmung hinweisen und zu deren Nutzung Hilfen einbringen sollen/können, das aber einer vollständigen Didaktisierung verschlossen bleiben muss. Die Aufgabe der Institutionen ist es, die Information für die Nutzung didaktisch adressatengerecht zu gestalten, um die individuelle Nutzungsmöglichkeit optimierbar zu machen. Besonders befähigten Institutionen ist auch aufgegeben, den potentiellen Berufswählern Trainings anzubieten, mit denen zusätzlich ein hoher Effizienzgrad der Gesamtsystemnutzung ermöglicht wird.

Dieser Abschnitt behandelt

- die Darstellung der wirtschaftlichen Lage und damit deren Kompetenz- und Ausbildungsmöglichkeiten;
- die Übersicht über die Entwicklung der Erkenntnisse über die Eignungsdiagnostik;
- die Geschichte der Berufsberatung und deren Wirkungsmöglichkeiten und Wirkungsabsichten in der Auseinandersetzung mit Formen der schulischen Berufsberatung;
- die Entwicklung der Chancen, Risiken des Scheiterns und des Neubeginns zur Entwicklung eines Berufswahlcurriculums im Bildungssystem;
- schließlich die Versuche der Umorientierung der Berufswahl durch den Deutschen Ausschuss für Erziehungs- und Bildungswesen;
- die Reform der Betriebspraktika, die Verbesserung der Abstimmung zwischen den Schulen und den Betrieben zur Einrichtung von Lernortkooperationen;
- das Problem des Scheiterns im Ausbildungsabbruch durch eine verfehlte Berufswahl;
- einen potentiellen Konflikt all der genannten institutionellen Einflüsse mit dem individuellen Recht der freien Berufswahl, das grundgesetzlich garantiert ist.

Die Berufs- und Wirtschaftswelt in Deutschland

Da allgemein eine Ausbildung für eine erfolgreiche Berufskarriere stark von einer qualitativ hochrangigen Ausbildung in den Ausbildungsbetrieben abhängt, ist es für Berufswähler wichtig, Kenntnisse über den Zustand der Wirtschaft zu haben. In der Phase der Berufsorientierung bedeutet das, dass die jungen Menschen im Unterricht und in der Berufsberatung – und auch in den Praktikumsbetrieben – über Erfolgs- und Versagensmöglichkeiten Erklärungen darüber bekommen, welche beruflichen Chancen sich ihnen bei richtiger Einschätzung der wirtschaftlichen Lage bieten. Dazu gehören auch prognostische Einschätzungen von ökonomischen, beruflichen, technischen und auch modischen Entwicklungen. Diese Entwicklungen sind nur begrenzt von Einzelnen gestaltbar. Die Reaktion darauf ist im Wesentlichen durch Anpassung bestimmt.

Diese Notwendigkeit, die den Berufswählenden Anpassungen abverlangen, bedarf eines analytischen Zugriffs, den der Jugendliche natürlich nur mit Hilfen – z.B. der Lehrer, der Berufsberater, der Eltern – vornehmen kann.

Eine bessere Berufsausbildung forderte zuerst eine bessere Vorbereitung auf die Berufswahl, aber die ökonomische und technische Entwicklung in Deutschland lag im 18. und noch im 19. Jahrhundert darnieder – weit hinter den damals großen Industrienationen zurück. Zur Verbesserung, das war den Verantwortlichen durchaus klar, bedurfte es zunächst entsprechend neuer und verbesserter schulischer Bildung. Aber ohne massive Anstöße waren Erfolge nicht zu erwarten.

Ein Blick in die Geschichte soll in die Lage versetzen, Gestaltungen von Entwicklungen zu erkennen und zu verstehen. Zur Lage des Handwerks z.B. und gerade des zünftlerischen Handwerks im 18. Jahrhundert schreibt Karmarsch[90], dass die „engherzige und eifersüchtige Abschließung der Zünfte gegeneinander, hartnäckiges Bestehen auf ausschließlichen Arbeitsbefugnissen, Erschwerung des Zutrittes neuer Mitglieder, abgeschmackte und vielfach rohe Formalitäten ohne Sinn und Werth als Dinge auf(traten), in welchen man Zweck und Wesen der Zunft erblickte." Im 18. Jahrhundert schon seien die Zünfte als verkommene Einrichtungen zu bezeichnen und damit das Ansehen des Handwerkstandes im Ganzen betrachtet. Der Reichsgesetzgebung gelang es nur, die gröbsten Missbräuche zu unterdrücken. Für die Bildung bedeutete das, dass die Anforderungen an die allgemeine Bildung zunahmen und höhere Anforderungen an die Schüler gestellt wurden. Aber die Mehrzahl der Handwerker fuhr fort, ihre Lehr-

---

90 Karmarsch, Karl (1872) Geschichte der Technologie, 11. Bd. der Geschichte der Wissenschaften in Deutschland, München 1872, S. 91.

linge direkt aus der Schule zu nehmen. Fortbildungs- und Gewerbeschulen wurden widerwillig und nachlässig benutzt.

Berufliche Qualität und Wirtschaft

Im 19. Jahrhundert litt die deutsche Wirtschaft wegen der mangelhaften Qualität ihrer Produkte unter der internationalen Konkurrenz. Sie konnte sich für kurze Zeit durch Importschranken retten und ihre hinderliche Zunftstruktur, mit der gerade die schlechte Arbeit geschützt wurde, erhalten. Eine Ursache für die mangelhafte Qualität war das System der Berufsausbildung in Deutschland, das in den Händen dieser Zünfte lag. Die geringe Qualität der Ausbilder behinderte auch die Anwerbung qualifizierten Nachwuchses. Die Misere zeigte sich an den Misserfolgen deutscher Aussteller auf der seit 1851 beginnenden Serie von Weltausstellungen, die der Welt die große Qualität und Fortschrittlichkeit präsentieren sollten.

Die Versuche, den Mangel in Deutschland zu beheben, soll an zwei institutionalisierten Großereignissen belegt werden, mit deren Gründung und Zielsetzung auf diese Defizite aufmerksam gemacht werden soll und die gleichzeitig zu der Überwindung der Mängel beitragen sollten: Teilnahme an

- den Weltausstellungen und
- dem Werkbund.

Die Weltausstellungen

Die Weltausstellungen waren dabei von Beginn an die dynamischen Veranstaltungen, die den imposanten Stand der technischen Errungenschaften dokumentieren und sie gleichzeitig weiterbringen sollten. Neben Technik ging es aber auch um Verbesserung der Bildung – Geschmacksbildung, ästhetische Bildung, ökonomische Bildung. Sie waren auch Wettbewerbe, die Mängel und Differenzen zeigen und zu deren Überwindung beitragen sollten. Die unterlegenen Länder, die die Defizite im Wettbewerb erfuhren, waren gezwungen, durch Reformen ihre Lage zu verbessern.[91]

Nach der Ausstellung 1876 in Philadelphia gab es bei den deutschen Ausstellern große Enttäuschung. Die Kritik äußerte sich besonders in der Frage, weshalb es immer Kanonen aus Deutschland (Krupp) sein mussten.[92] Aber auch der Erfolg mit dem Otto-Motor machte deutlich, dass die deutsche Präsentation hier eine Blamage gewesen war. Denn der Erfolg blieb singulär. Die deutsche

91   Kretschmer, Winfried,(1999),Geschichte der Weltausstellungen, Frankfurt/New York.
92   Ebenda, S. 107.

Industrie produziere „billig und schlecht"[93]. Deutschland sei tendenziös-patriotisch und es gebe einen Mangel an Geschmack im Kunstgewerblichen, Mangel an Fortschritt im rein Technischen.[94]

Die Aufforderung an die Handwerksmeister, sich modernen Bildungsstrate-gien zu öffnen, stieß auf nur geringe Neigung dieser Meister[95]. Diese Hand-werksmeister fanden einerseits unter der zünftigen Struktur auch als einzelne kaum die Möglichkeit, individuell der Entwicklung nachzugehen. Aber die Qua-lifikation der Handwerksmeister selbst reichte kaum aus, sich den neuen Ent-wicklungen zu öffnen.

Nach diesem entschiedenen Abstieg wurde seit Beginn oder forcierter in der 2. Hälfte des 19. Jahrhunderts erkannt, dass schulische Lösungen hier unaus-weichlich wurden[96].

Da der Unterricht von Volksschullehrern nebenamtlich erteilt wurde, lag es nahe, dass Inhalte der Volksschule auch Unterrichtsgegenstand der Fortbil-dungsschule wurden. „Im Unterricht ging es vor allem um die Wiederholung und Vertiefung des Volksschulwissens. Bezüge zum Beruf der Schüler waren anfangs kaum gegeben...."[97].

Die Vermittlung des Wissens der alten Zunftordnung unterschied sich fun-damental von der beruflichen Ausbildung des jetzt geforderten Wissens aus Bü-chern, Almanachen, Zeitschriften, Vorlageblättern und Vorträgen. Die Berufs-ausbildung im alten Handwerk hatte auf einer rein initiativen Weitergabe und personalen Verkörperung beruht. Berufliches Fachwissen wirkt im alten Hand-werk ausnahmslos kontextgebunden, also in unmittelbarem Zusammenhang mit der Arbeitstätigkeit entwickelt und weitergegeben.

Bisher hatte das Handwerk viele Krisen erlebt, deren Bewältigung aber nie darin bestand, sich fortzubilden. Diese Krisen gingen vorüber und waren auf die ihnen angemessene Weise zu überstehen.

---

93   Ebenda, S. 108.
94   Ebenda.
95   Ebenda, Beitrag von Rolf Spilker (2006), Von der Industrialisierung bis zum Ende des 1. Weltkrieges, S. 445-640, hier S. 578.
96   Schulgründung: Berufsbildende Schulen des Landkreises Osnabrück in Osnabrück – Brinkstraße (Hg.) (2010) o.J. (Chronik), 50 Jahre – 1960 bis 2010, Redaktion Brock-meyer, Johannes u.a., Osnabrück.
97   Ebenda, S. 17.

Der Werkbund

Bis zur Jahrhundertwende hatte es gedauert, bis gründlichere Veränderungen möglich wurden. Nach den Weltausstellungen, die in Deutschland – wenn auch langsam – aufrüttelten, kam der Werkbund mit seinen Aktivitäten.

Der Werkbund war auch international ausgerichtet. Seine Gründung in Deutschland zielte aber zuerst darauf, die Mängel von technischer Produktion und Innovation in Deutschland aufzudecken und abzulösen: Eine Institution, die durch Beispiele bilden wollte zu besserer Technik, besserem Design, zur Erzielung zu besserem Geschmack bei größtmöglicher Funktionalität. Die führte demnach auch nicht zurück zu überholter und atavistischer Handwerkstradition, sondern zu versöhnlicher Auseinandersetzung mit der Produktion in industrieller Fertigung.

Der Deutsche Werkbund wurde 1907 als wirtschaftskulturelle „Vereinigung von Künstlern, Architekten, Unternehmern und Sachverständigen" auf Anregung von Hermann Muthesius gegründet.

Ziel: Er wollte eine „Veredelung der gewerblichen Arbeit im Zusammenwirken von Kunst, Industrie und Handwerk, durch Erziehung". Unter Berufung auf einen moralisch fundierten Qualitätsbegriff suchte man eine neue Warenästhetik für die kunstgewerbliche Industrieproduktion zu etablieren, die sich von den alten handwerklichen Formvorbildern mit ihrer Ornamentik absetzen wollte. Er suchte nach einer neuen durch „Zweck", „Material" und „Konstruktion" bedingten Formgebung, der „Neuen Sachlichkeit". Diese Forderung nach einer technisch wie ästhetisch hochwertigen Qualitätsproduktion wurde in einen programmatischen Gegensatz gesetzt zu einer Praxis des industrialisierten Kunstgewerbes.

Ein Beispiel für die Bemühungen zur Erzielung höherer Qualität in der Warenproduktion liefert Pazaurek.[98] Er verfasste eine kleine Broschüre „Geschmacksverirrungen im Kunstgewerbe". In ihr ist ein längerer Katalog veröffentlicht, der Techniken und Fehler gegen Kunstform und Schmuck, Informationen zusammenstellt, die der Abschaffung dieser Fehler dienen sollten. Er setzte sich zum Ziel, Mittel zu finden, seine erzieherischen Absichten und damit die Absichten des Landesgewerbemuseums Stuttgart der Allgemeinheit näher zu bringen.[99] Er knüpfte damit an die früher vorhandenen Musterlager der kunstgewerblichen Museen an. Auch diese Muster sollten geschmacks-, stil- und qualitätsbildend sein, reichten aber in den Zeiten gärender Stilbildung und widerspruchsvollen Ringens um neue ästhetische Ideale nicht mehr aus. Und er ver-

---

98 Pazaurek, Gustav E. (1919), Geschmacksverirrungen im Kunstgewerbe, zum Thema Geschmacksbildung und Qualitätsverbesserung, 3. Aufl.

99 Vgl. ebenda, S. 7

gisst auch nicht zu erwähnen, „wer aber für theoretisch-ideale Ziele nicht zu haben ist, der vergegenwärtige sich wenigstens die ganz ungeheuren nationalökonomischen Vorteile, die umso mehr wachsen, je mehr sich der Ruf vom guten deutschen Geschmack in der Welt befestigt."[100]

Der 1958 mit seiner Arbeit beginnende Deutsche Ausschuss für das Erziehungs- und Bildungswegen war in gewisser Weise eine Fortsetzung der Tätigkeiten des Werkbundes.[101] Während der Deutsche Ausschuss sich noch u.a. der Werkdidaktik und der industriellen Gestaltung der Produkte teilweise verpflichtet fühlte,[102] begann schon die fortschreitende Industrialisierung und die Erkenntnis des Design als verkaufsförderndes Merkmal.

Für die Gegenwart kann man zusammenfassen:[103]

Atypische Arbeitsverhältnisse scheinen Normalität zu werden. Die lebenslange Beschäftigung fordert Mobilität zu ihrer Erhaltung. Trennung vom Arbeitsplatz und Zuhause gehören dazu, will man das Wissen zwischen Menschen zusammenführen, gutes (spezifisches) Sozialverhalten.

Immer noch theoretisches Wissen sorgt für Innovation und Forschung und Wissen werden entscheidende Erfolgsdeterminanten. Fachkompetenz ist heute schon auf der mittleren Ebene in den Betrieben notwendig. Und: Die Mobilität wird steigen und die Wissensarbeit zunehmen. Neue Arbeitsverhältnisse entwickeln sich, die Selbstvermarktung steigt und die Bildungsanforderungen nehmen zu. Die demografische Entwicklung verstärkt den Fachkräftemangel.

Nicht alle Prognosen der gesellschaftlich/ökonomischen Entwicklung befassen sich mit einer Folgewirkung: Nämlich der Gefahr der wachsenden Arbeitslosigkeit. Daniel Bell, auf den ich zurückkommen werde, spricht eine Lösung an, die sich der Entwicklung entgegenstemmen kann.

Versuche, Prognosen für die künftige Arbeitswelt zu gewinnen, um die Berufsinformationen zu verbessern, die wiederum zu einer besseren Berufsorientie-

---

100 Ebenda, S. 21.

101 Über die gesellschaftlichen und ökonomischen Veränderungen, die in der Zukunft erwartet werden müssen, die die Industriegesellschaften insgesamt betreffen, sind wir im Kapitel „Zusammenfassung" eingegangen. Die Entwicklung in der Zukunft betrifft natürlich die Berufsorientierung in der Gegenwart. Da sich mit Sicherheit jedoch auch die Beratungssysteme ändern werden, Prognosen darüber aber nicht zur Verfügung stehen, schließen wir gewissermaßen mit dem Ausblick darauf.

102 Dass der Deutsche Ausschuss sich zuvor als Nachfolger aber nicht als Nachahmer des Werkbundes verstand, beweist seinen didaktischen Auftrag an die Technik. Nicht die Beibehaltung des Begriffes „Technik" schlug er vor, er forderte „Technisches Werken".

103 Haas, Sybille (2012), Die Zukunft der Arbeit, Rohstoff Wissen, München, S. 14 ff.

rung führen, kommen über allgemeine Hinweise nicht hinaus.[104] Sie geben deshalb für individuelle Entscheidungen im Prozess der Berufswahl kaum eine Handhabe. Auf Entwicklungen in der Zukunft kann man wenig eingehen, wenn es um eine Qualifizierung in der Gegenwart geht. Es kommt vielmehr darauf an, dass in den Schulen die Marktwirtschaft als offenes System dargestellt wird, dass aber für handhabbare Prognosen dirigistische Eingriffe nötig wären (die zu vermeiden sind), und dass erforderlich werdende Anpassungen während der Berufstätigkeit durch Weiterbildung angeboten werden müssten.

Neben der Schule muss das auch in der Berufsberatung beachtet werden. Die Beratungen über Berufe und Berufstätigkeiten müssen auch die Arbeitsbedingungen offen diskutieren, denen in der gegenwärtigen Arbeitswelt die jungen Menschen begegnen, wenn sie aus der Schonwelt der Schule heraustreten und unter denen sie ihr künftiges Leben gestalten müssen. Zu diesen Bedingungen gehören auch die Gefahren der Arbeitslosigkeit.[105] Auch diese steht im Zusammenhang mit ökonomischen Gesetzmäßigkeiten. Die Analyse steht unter zwei kontroversen Formen, nämlich dass die Notwendigkeit ökonomischen Überlebens den Einsatz technologischer Neuerung zwingend fordere, dass aber gleichzeitig durch technischen Fortschritt Arbeitsplätze vernichtet werden. Marie Jahoda sieht keine Lösung durch die „Weiterentwicklung technologischer „Fortschritte".[106] Aber sie ist auch skeptisch bei Versuchen, die eine Mitbestimmung ausschließen. Auch die Hierarchien in den Betrieben, die Abgrenzung der Verwaltungsarbeit von der Fertigungsarbeit, das Führungsverhalten des Managements und in nicht ausreichenden Mitgestaltungsmöglichkeiten hätte die industrielle Produktion Probleme. Deshalb möchte Jahoda als Lösung eine Humanisierung der Arbeit anbieten. Dazu fordert sie mehr Mitbestimmung und Veränderung der Produktionsorganisation zu Formen des Job-enlargements oder Job-enrichments. Inhaltlich betrifft das Informationen über Struktur der künftigen Industriegesellschaft und die Frage, welche Arbeitsbedingungen damit geschaffen werden.[107]

---

104 Vgl. Schober, Karen (2001), Berufsorientierung im Wandel, Sowi online.

105 Diese Gefahr gilt bereits vor dem Versuch, eine Arbeit oder eine Berufstätigkeit zu finden. Eine zweite Gefahr ist, wie wir oben dargestellt haben, nach dem Abbruch einer Berufsausbildung.

106 Jahoda, Marie (1983), Wieviel Arbeit braucht der Mensch? Weinheim und Basel, S. 13.

107 Wir haben hier auf die Arbeiten von Marie Jahoda hingewiesen, die zusammen mit Paul Lazarsfeld und Hans Zeisel seit ihrer Arbeit 1933 in Österreich – mit der berühmt gewordenen Marienthalstudie – sich diesem Thema angenommen hatte. Spätere Publikationen basieren auf diesen Arbeiten. Es handelt sich also um eine Ehrung dieser Forscherin, wenn wir ihre Arbeit zitieren. Das soll nicht gegenwärtige Problemanalysen

Eine der interessantesten Prognosen liefert dazu Nico Stehr, der sich auf die s.Z. grundlegende Arbeit von Daniel Bell[108] bezog. Es wurde später eine Reihe Gesellschaftsentwürfe vorgelegt, die im Anschluss an Bell besondere Perspektiven entwarfen, die aber ohne einen Rückgriff auf Bell geringere Bedeutung entwickelten, obwohl sie z.T. populär wurden.

Gesellschaftliche Veränderungen

Die grundsätzlich veränderten ökonomischen Strukturen der modernen Gesellschaft[109] sind durch zwei Faktoren bestimmt:

- die wachsende Zurückdrängung der ökonomischen Bedeutsamkeit der traditionellen Wirtschaftskräfte Arbeit und Eigentum
- den sich verstärkenden Rückgang in der Bedeutung des Nationalstaats als einflussreicher und effektiver ökonomischer Akteur[110]

Das Grundmuster sozialer Beziehungen der Moderne, das die traditionelle Gesellschaft nicht hat, das für die moderne Gesellschaft aber charakteristisch ist, und zwar im Sinne der konstitutiven Bedeutung funktionaler Differenzierung, besteht in der „Abschaffung jeder naturwüchsigen Herkunftsordnung und ihrer Ersetzung durch sich selbst tragende, auf identifizierbare Funktionen spezialisierte Handlungssysteme"[111]. Die Entwicklung vollzieht sich nicht in der Ersetzung einer alten Gesellschaft durch eine neue. Es gibt deshalb keinen Strukturbruch, sondern vielmehr eine Ausdifferenzierung der Subsysteme. Die Veränderungen sind unterschiedliche Wege des weiter herrschenden Modernisierungsprozesses. Bell nennt das Postmodernismus.[112] Es entwickelt sich eine Distanz zwischen Kultur und Struktur der Gesellschaft durch den Aufbau separater Lebensformen. Die Kultur verweist auf vertraute dichotomisch formulierte Gegensätze wie Verstand und Gefühl, Tatsachen und Werte oder kognitive und affek-

---

ignorieren. Anders z.B. sieht das Daniel Bell, dessen Gesellschaftsanalyse Nico Stehr weitergeführt hat.

108 Bell, Daniel, deutsch 1975, Die industrielle Gesellschaft, Frankfurt; amerikanisch 1973, The Coming of Post-Industrial Society, New York.

109 S. Stehr, Nico (1994), Arbeit, Eigentum und Wissen: Zur Theorie von Wissenschaften, Frankfurt.

110 Stehrs Analyse konkretisiert sich in der gegenwärtig erkennbaren Entwicklung als „Globalisierung".

111 Berger, Johannes, zitiert bei Stehr.

112 Stehr, Nico, a.a.O.

tive Vermögen. Die neu entstehenden kulturellen Lebensräume werden nicht nur von kulturellen Eliten, sondern auch von vielen anderen Akteuren bevölkert.

Das Leitprinzip des sozialen Wandels der postindustriellen Gesellschaft (nach Bell = „axiales Prinzip") postuliert, dass nunmehr das theoretische Wissen oder wissenschaftlich legitimierte Erkenntnis zum Motor gesellschaftlichen Wandels werde.[113] Dieses Prinzip „wird in der die Industriegesellschaft ablösenden Gesellschaft zum dominanten Bezugspunkt sozialer Programmatik."[114]

Wissen, wie es die moderne Gesellschaft als Wissenschaftsgesellschaft prägt, ist die Fähigkeit zum sozialen Handeln und bietet damit die Möglichkeit, etwas in Gang zu setzen. Seine besondere Funktion und sein besonderer Stellenwert liegen darin, dass wissenschaftliches Wissen mehr als jede andere Wissensform permanent zusätzliche Handlungsmöglichkeiten fabriziert und konstituiert. Wissenschaftliche Erkenntnis ermöglicht Handlungen, die sich ständig ausweiten.

Da gesellschaftliches Handeln stets unter einem Handlungsdruck steht, und deshalb nicht warten kann, bis die gesellschaftlichen Probleme wissenschaftlich gelöst sind, muss die Gesellschaft mit bestimmten Vorstellungen von sich selbst arbeiten.[115]

Das moderne Leben wird eine Welt der Veränderungen, eine Welt der Instabilität sein.[116]

Die wichtigsten wissensfundierten Handlungskompetenzen sind diejenigen, die die Struktur sozialer Ungleichheit beeinflussen:

1. die Fähigkeit, Ermessensspielräume auszunutzen
2. die Möglichkeit, Schutz zu organisieren
3. das Geschick, Widerstand zu mobilisieren
4. die Fähigkeit etwas zu vermeiden oder auszuschließen
5. die Befähigung und Fertigkeit zu sprechen

Erläuterungen:

---

113 Ebenda, S. 102.
114 Ebenda.
115 Vgl. Stehr, Nico, a.a.O., S. 283 – rezipiert hier Emile Durkheim (1950; 1983), Pragmatism and Sociology, Cambridge. Hiermit wird von Stehr eine knappe, aber sehr treffende Kritik an der These von Jonas „Prinzip Verantwortung" geübt, nach der vor jedem Handeln erst alle Folgen eines möglichen Handelns mit ihren Konsequenzen abgeschätzt werden müssten, so dass im strengen Sinne damit Handlungsunfähigkeit von Jonas gefordert wurde. Denn diese Prüfung kann endlos fortgesetzt werden, da alle Folgen eines Handelns in begrenzter Zeit nie abgeschlossen werden können und Zeit ist in dieser Welt immer begrenzt.
116 Ebenda, S. 120.

Ad 1) Sozial konstruierte Regeln, Normen und Standards für alltägliches Verhalten bleiben kaum jemals ohne einen Ermessensspielraum, erlauben
damit Interpretations- und Exekutionsmöglichkeiten, die „sachverständi-
ge" Akteure nutzen können, um sich Vorteile zu verschaffen.
Ad 2) Der Grund dafür sind die u.U. sehr hohen Kosten symbolisch und mate-
riell, die z.b. aus Unfähigkeit entstehen werden.
Ad 3) Die Fähigkeit, die Praktiken von Experten zu kritisieren, wird zu einem
wichtigen positiven Faktor der Fähigkeit von Wissen, Ungleichheit zu
schaffen. Dazu ist die Mobilisierung von Widerstand erforderlich.
Ad 4) Diese Kompetenz bezieht sich hauptsächlich auf die Verminderung von
Risiken durch Verteilung.

Man kann also sagen: In der Ausbildung mit Wissenschaft und Technik verändern sich unsere sozialen Institutionen grundlegend: die Arbeit, das Erzie-
hungswesen, die Politik, die Wirtschaft, der Alltag, die physische und kulturelle
Reproduktion sind davon betroffen. Im Grunde gibt es kaum soziale, wirtschaftliche und kulturelle Verhältnisse, die gegen wissenschaftliches und technisches
Wissen immun wären. Und im Überblick dazu Gerhard Wilke[117]

„... in den letzten 200 Jahren hat unsere Gesellschaft einen dramatischen Wandel
von der Agrargesellschaft über die Industriegesellschaft bis zur Dienstleistungsge-
sellschaft durchlaufen. Und es ist noch keineswegs ein „Ende der Geschichte" in
Sicht. Am Horizont scheint die Informations- und Wissensgesellschaft auf. Die gegenwärtige Gesellschaft, die Gesellschaft auf der Schwelle des 21. Jahrhunderts war
aufgefordert, den Weg für die Zukunft zu bereiten und die Bedingungen für die
„neue Entwicklungswelt" zu gestalten, da gegenwärtiger Wandel die Ausdehnung
globalen Maßstabs in sich trägt und er eine beschleunigte Dynamik aufweist. So daß
Schwierigkeiten entstehen. Die Veränderungen sind vielschichtig und konfrontieren
alle gesellschaftlichen Teilbereiche: Wirtschaft, Politik, Verwaltung und Kultur mit
strukturellen Anpassungserfordernissen. Für das Bildungssystem gilt dieses in besonderer Weise , denn für die Zukunft – für die Informations- und Wissensgesellschaft – ist Bildung in allen ihren Formen und Facetten grundlegender Schlüssel, um
die Anforderungen der Welt von morgen zu bewältigen."

Eignung

Das Hinarbeiten der Berufsberatung und der Berufsorientierung auf den einen,
der Eignung und der Neigung entsprechenden Beruf, schließt die Konsequenz
ein, mit der Entscheidung für einen anderen als eben diesen Beruf den Erfolg einer Ausbildung zu gefährden – die Ausbildung abzubrechen. Ursächlich ist dann

---

117   Wilke Gerhard (1998) Die Zukunft der Arbeit, Bonn S. 45.

dafür die im Prozess der Berufswahl gefundene vermeintliche Eindeutigkeit der Entscheidung für einen bestimmten Beruf nach der Eignung des Probanden.

In den Übergang bringt der Berufswähler Dispositionen ein. Sie bestimmen insofern das Problem, als die erstellte Berufswahl eine dieser Dispositionen ist – die mit der höchsten Priorität. Für die Entscheidung sind die Dispositionen anzupassen, zu erweitern und auch zu kombinieren. Zur Lösung sind die Berufswähler zu Kompromissen gezwungen, d.h. in Anpassung der Interessen an die vorhandene Gegebenheit. Die Probleme bleiben dann relativ gering, wenn eine suboptimale Lösung dennoch als befriedigende Lösung akzeptabel erscheint.

Das Problem entstand, nach dem die traditionsgeleitete Gesellschaft des Mittelalters von neuen Orientierungen des Zusammenlebens abgelöst wurde. Die Zünfte, die die Berufsausbildung im Rahmen ihrer allgemeinen Berufsordnungsaufgabe regelten, hatten zur Eignungsfeststellung eine Probezeit eingeführt. In den Wochen dieser Zeit sollten sowohl der verantwortliche Meister als auch der (fast noch kindliche) Bewerber ihr Urteil über die Eignung finden. Die Bindung durch Vertrag galt dann als fest. Danach musste das Individuum sich seinen Beruf eigenverantwortlich wählen. Dazu ist es entsprechend zu erziehen und in der Schule vorzubereiten.

Maßgeblich wurde jetzt eben die Fähigkeit, eine Berufswahl so zu treffen, dass der geeignete Beruf gefunden wurde, in dem man den Anforderungen gerecht werden könnte. Aber durch die Begabung allein sei eine eindeutige Lösung zum Finden des richtigen Berufes nicht garantiert. Die Jugendlichen, die einen Beruf erlernen wollen, müssen von ihren Eltern unterstützt werden. Wenn aber die Unterstützung nicht reicht, muss die Hilfe „verständiger Männer" gesucht werden. Verständige Männer waren in den Zünften neben den Meistern auch die Zunftmeister, die die Entscheidung zwischen Meistern und Lehrlingen bestätigen mussten. Bei diesen Regelungen waren außer den genannten Eindrücken auch die „Ehrlichkeit" der Herkunft.[118] Dabei wurde implizit unterstellt, dass Unehrlichkeit der Herkunft negative Auswirkungen auf die Arbeit hätte. Neben der Tätigkeit zum Erlernen der Fachkenntnisse war das Vertrauen, das in einen Partner gesetzt wurde, qualitätssichernd.

---

118 Bestimmte Berufe oder Tätigkeiten galten als unehrlich, weil sie moralisch anstößig waren. Z.B. galt der Bader – auch Friseur u.a. – als anstößig, weil die Badgehilfinnen als Prostituierte galten. Unehrlich waren auch der Henker und seine Gehilfen ebenso wie unehelich Geborene. Es gab zwar Ausnahmen in wenigen Berufen und einigen Gegenden oder zu Zeiten, aber generell waren Mädchen auch von einer zünftigen Berufsausbildung ausgeschlossen. Generell galt: Auch wessen Herkunft nicht genau bestimmbar war – Auswärtigen, Fremden – weckte Zweifel. Er wurde leicht als unehrlich eingestuft und damit von einer Ausbildung ausgeschlossen. Nebenbei entledigte man sich eines Teils unbequemer Konkurrenz.

In der Diskussion um die Lösung des Übergangsproblems hat das BIBB eine Expertenbefragung durchgeführt, die die Frage der Eignung daraufhin prüft, ob eine Reife der Probanden, die sich um eine Ausbildung bewerben, vorliegt[119]. Sie beginnt mit einer Begriffsteilung. In der Befragung wurde dieser Begriff verschieden benutzt. Zum einen ist mangelnde Ausbildungsreife als Hauptursache für die Lehrstellenseminare, für andere ist sie ein Taschenspielertrick, der an den Generationenkonflikt erinnert.

Unabhängig von dieser unterschiedlichen Positionierung der Befragten ist für alle das Thema von großer Bedeutung.[120] Es ist aber auch eine gemeinsame Auffassung, dass Ausbildungsreife nur dann als Defizit verstanden werden kann, wenn deren Aspekte schon bei Antritt der Lehre vorhanden sind. Es wäre unzulässig, aber entspräche nicht der Logik einer Ausbildung, wenn Aspekte die während der Ausbildung erlernt werden sollen, schon unter dem Begriff Ausbildungsreife subsumiert würden und beim Abschluss eines Ausbildungsvertrages gefördert würden.

Zwei Themengebiete in dem Monitoring hielten fast alle Experten für bedeutsam: Dass die Komplexität der Arbeitswelt in den letzten 50 Jahren massiv gestiegen sei und der Wandel sich immer mehr beschleunige.

Die Schule wird immer dann von den Experten ins Spiel gebracht, wenn die Kenntnisse wie Beherrschung der Grundrechenarten thematisiert werden, nicht etwa Dreisatz, Prozentrechnung, Kopfrechnen. Die letzteren werden nicht als notwendige Vorbereitung durch die Schule genannt.

Mehr als 90% der Befragten wünschten, dass die Schule in die Förderung der Kinder eingebunden werde. Sie habe die grundsätzliche Aufgabe, die Jugendlichen zur Ausbildungsreife zu führen, womit Verschiedenes gemein sein kann.

Aber auch die Betriebe werden in die Pflicht genommen. 86% der Befragten sind der Ansicht, die Unternehmen müssten bei der Bewerberauswahl das Entwicklungspotential der Jugendlichen stärker berücksichtigen. 88% wünschten von den Unternehmen, dass die Schulen bei ihrer Aufgabe, die Jugendlichen zur Reife zu führen, unterstützt werden sollen und Kontakte zu den Schulen aufnehmen sollen. Das bedeutet, dass Betriebe sowohl für die Berufsorientierung als auch für die damit verbundene Lernortkooperation verantwortlich sind.

In einem weiteren Schritt der Analyse und des Forderungskatalogs wünschten 94% der Befragten, dass die Jugendlichen die eigenen Kompetenzen realistisch einschätzen sollen und sie sollten sich außerdem weiter verstärkt bemühen,

---

119 Ehrenthal, Bettina, u.a. (2005), Ausbildungsreife – auch unter den Fachleuten ein heißes Eisen. Befragung.
120 Ebenda, S. 1.

Kontakt zur Berufswelt aufzunehmen. Die Diskussion um die Eignung ist damit nicht obsolet geworden, es gilt, sie für unsere Absichten weiterzuführen.

Wie am Anfang der Darstellung des Übergangsmanagements schon erwähnt, kamen zuerst die Schüler als die Betroffenen selbst in die Pflicht. Sie sollten sich über ihre Fähigkeiten Klarheit verschaffen. Hilfe von den Eltern und Experten wurde ergänzend eingefordert.

Da das nicht zu reichen schien, wurden im 17./18. Jahrhundert die Eltern im Rahmen ihrer Alimentierungspflicht aufgefordert, ihren Kindern bei der Berufswahl zu helfen und sie durften sich dieser Aufgabe nicht entziehen. Diese kritische Frage mussten sich auch die Schulen gefallen lassen.

Aber noch 1903 fordern die „pädagogischen Maßregeln im Interesse einer angemessenen Berufswahl"[121], dass der „Zögling" von sich aus nachweisen müsse, ob seine Befähigung, d.h. seine Neigungen und seine „Gaben" für einen Beruf ausreichen.

Aber Lehrer und Erzieher sollen aufgrund ihrer Erfahrungen die Berufswahl möglichst beeinflussen und Wege zur Ergreifung des Berufes ebnen. „Haus und Schule müssten besonders im Interesse glücklicher Berufswahl zusammenwirken."[122]

Zu einer richtigen Berufswahl gehört aber die Berücksichtigung der Interessen von Gesellschaft, Volk und Staat. Die Berufswahl soll nicht von den Aussichten auf äußere Annehmlichkeiten, von der Höhe der Einkünfte und von den zu eröffnenden Einschätzungen und Wertschätzungen und Ehren in der Gesellschaft abhängen, die von bestimmten Berufen ausgehen.

Auch Theodor Scharmann erstrebt ein solches Ziel[123]. Die von Scharmann vertretene rationale Berufswahl kann immer nur auf einen Punkt gerichtet sein: Den geeigneten Beruf zu finden. Abweichende Entscheidungen würden dann ja nicht dem Postulat der Rationalität entsprechen.

Zur Findung der Rationalität bedeutet dieser Anspruch, dass Komplexität reduziert werden muss. Im Sinne einer rationalen Entscheidung ist es notwendig, Unsicherheiten und Orientierungslücken zu bewältigen und die Eigenkomplexi-

---

121 Kieferstein, Horst (1903), Stichwort Berufswahl, in: Enzyklopädisches Handbuch der Pädagogik, herausgegeben von W. Rein, Bd. 1, 2. Aufl., Langensalza, S. 561-563.
122 Vgl. ebenda, S. 562, Sp. 2.
123 Vgl. Scharmann, Theodor (1968) Die individuelle Entwicklung in Arbeit, Beruf und Betrieb, in: v. Friedeburg, Ludwig, Jugend in der modernen Gesellschaft (Hg.), Köln/ Berlin, S. 463. Anders als Scharmann sieht Baethge – Baethge, Martin u.a. (1988) Jenseits von Beruf und Wirklichkeit? In: MittAB 3/1988 – den Berufs nicht mehr als den Beitrag für eine zentrale Prägung des ganzen Lebens über die ganze Zeit der Berufstätigkeit an.

tät durch Informierung und Rationalität zu steigern. Scharmann hatte aber bereits 1959 auf den Widerspruch aufmerksam gemacht, dass das Individuum in der Berufswahl wohl autonom und unabhängig gemacht werde, ihm andererseits durch die Komplexität der Information und die Mechanismen zur Reduktion dieser Komplexität die Sicherheit genommen werde.

Das kann in unserem Sinne nur bedeuten, dass Hilfen zur Berufswahl im strengen Sinne nur dann sinnvoll und zielgerichtet sein können, wenn sie zu dem Ergebnis kommen, dass der eine, der der Eignung, der Neigung und den Marktbedürfnissen entsprechende Beruf das Resultat eines Prozesses sein muss. Eine Folge aus deren Nichtbeachtung würde eine Belastung der Berufswahl bedeuten können, die zum Ausbildungsabbruch führt.

Von den frühen historischen Versuchen, die als notwendig für einen erfolgreichen Ausbildungsabschluss eingeschätzte Eignung, die z.T. wohl als Flucht vor der Lösung des Problems anzusehen sind, kommen wir zu den Versuchen, die Feststellung einer Eignung für einen Beruf nach objektiven Kriterien darzustellen. Zunächst stellen wir dazu den Definitionsversuch von Scharmann vor:

Die Eignung für eine Tätigkeit ist die Voraussetzung für eine optimale Anpassung an die beruflichen Leistungsnormen.[124] Diese Eignung bilde aber in Folge ihrer Plastizität kein eindeutiges und zuverlässiges Kriterium für die Berufswahl und die Berufszuführung. Deshalb fordert er, die Neigung zu einem weiteren Kriterium zu machen. Scharmann folgert aus der größeren Plastizität und Offenheit der Neigungen, da sie komplexe psychische Gebilde seien, dass sie wohl nie der menschlichen Einsicht zu erschließen wären.[125] Deshalb müsse man bei der Realisierung der freien Berufsentscheidung davon ausgehen, dass diese grundsätzliche Forderung dadurch zu verwirklichen sei, dass dem Berufswunsch des einzelnen entsprochen werden müsse. „Im Berufswunsch manifestiert sich der mehr oder minder bewusste Drang, sich im Sinne einer bestimmten beruflichen Neigung zu entfalten...".[126] Das hieße aber, den Wunsch als Ergebnis konstruktiven Denkens einzustufen. Deshalb definiert Scharmann die Neigung als Instrument eines Bewirkens.

Die Neigung bewirke ein so hohes Maß an objektiver Leistungsbereitschaft und subjektiver Befriedigung, wie sie der äußere Zwang in der Regel nicht hervorbringe[127]. So verstanden sei die Neigung das Monument der Freiheit in der Notwendigkeit des Zwanges zur Arbeit.[128] Der Berufswunsch ist eine der mar-

---

124   Scharmann, Theodor (1956), Arbeit und Beruf, Tübingen, S. 99.
125   Ebenda, S. 172.
126   Ebenda, S. 175.
127   Vgl. ebenda, S. 176.
128   Vgl. ebenda, S. 186.

90

kantesten Manifestationen und imponierendsten Äußerungsformen innerer Antriebe und Richtkräfte.

Damit werden jedoch keine Kriterien bestimmbar, die die geforderte Objektivität garantieren. Deshalb unterscheidet Scharmann zwischen echten und unechten Neigungen. Entsprechend sind die daraus entwickelten Berufswünsche als sichere oder unsichere Entscheidungen zu beurteilen. Unecht sind Neigungen, die den Jugendlichen aufgezwungen werden. Diese Gefahr werde durch fortgeschrittenes Alter der Berufswähler gemindert.[129] Zu unechten Neigungen kann der Druck des Staates führen, aber auch der Druck der ökonomischen Verhältnisse. Auch Anreizmaßnahmen erzeugen Druck. Anders beurteilt Lazarsfeld den ökonomischen „Druck", der diese am Bedarf an den ökonomischen Strukturen der Heimatregion orientierte Berufswahl als realistisch und Sicherheit gebend ansieht.

Offenbar verlässt sich Scharmann nicht darauf, dass die Jugendlichen – wegen ihres Alters – ihre Neigung erkennen könnten, denn[130] objektive Kriterien, die die Berufsberatung und die Berufskunde entwickelt haben, könnten die Echtheit von Neigungen „ausfindig machen". In die objektivere Beurteilung werden Interessen und Lieblingsbeschäftigungen einbezogen. Scharmann schwebt hier offenbar ein Analyseverfahren vor, das der Berufsberater seiner Beratung vorausschicken sollte. Auch hervortretende Eigenschaften und Fähigkeiten werden als Hinweise auf vorhandene Neigungen aufgefasst. Allerdings gehe von diesen Anhaltspunkten keineswegs Sicherheit aus, da es bei den Jugendlichen eine Tendenz zur „Selbstverhüllung" gebe.

Also doch keine Sicherheit bei der Feststellung echter Neigung.

Dass die Berufswünsche im Wesentlichen nur die regionale ökonomische Struktur und wirtschaftliche Konjunktur widerspiegelten, ist für Scharmann falsch. Es gelten die Strukturqualitäten der Eignung und Neigung, wenn sich auch neben ihr Formen der Arbeitsbesonderung einstellen, auf die traditionelle Berufsvorstellungen nicht mehr zuträfe.

Abgesehen von der Schwierigkeit, die Neigung für einen Beruf zu erfassen, bleibt – neben der Eignung – für Scharmann diese Neigung – also die besondere Befähigung zu einer eng oder doch jedenfalls ziemlich eng definierten beruflichen Tätigkeit – bestehen.

Wenn dann also die Neigung zu einem entsprechenden Berufswunsch führt, dieser Berufswunsch aber nicht – wie in vielen der von uns erhobenen Fällen – realisiert werden kann, so erwachsen daraus evtl. vielfältige Probleme.

---

129 Ebenda, S. 205.
130 Vgl. ebenda, S. 209.

Und wie soll ein junger Mensch mit seiner objektiven Neigung umgehen, wenn ein adäquater Ausbildungsplatz nicht erreichbar ist? Einen Hinweis gibt Scharmann dann schon: Die Merkmale für die entsprechenden Tätigkeiten finden sich in angrenzenden Berufen. Die Wähler hätten deshalb noch einen gewissen Spielraum und blieben trotz Nichtrealisierbarkeit in angrenzenden – ähnlichen – Berufen gültig. Wie weit die Grenzen der Ähnlichkeit zur Nichtmehrähnlichkeit gezogen werden dürfen, darüber gibt auch Scharmann keine Auskunft, wenngleich grundsätzlich dieser Ansatz plausibel bleibt.

Ausubel[131] hatte die Forderung nach einer Entscheidung für einen bestimmten Beruf damit begründet, dass damit Sicherheit und die Angst *vor den befürchteten Folgen und Fehlentscheidungen* verringert werde. Eine Schlussfolgerung auf die Stabilität der Berufswahl durch die beruflichen Interessen sei wahrscheinlich möglich.[132]

Aber grundsätzlich hält Ausubel die Berufswahl Jugendlicher dann für unrealistisch, wenn sie nur ihren Neigungen entspringen.

Informationsprogramme über Berufe müssen mit einer realistischen Fassung die Wirkung der Information erheblich vergrößern, wenn sie persönliche Relevanz und Bedeutung (für den Ratsuchenden) bekommen sollen.[133] „Vielfältige Arbeitserfahrung kann daher bei der Einengung des Bereiches... eine große Hilfe" für eine realistischere Berufswahl geben.[134]

Gegenwärtig wird die Frage nach der Befähigung für eine Berufsausbildung und der zuständigen Institution breiter geführt. Sie wurde besonders stark beeinflusst durch die seit der Klieme-Kommission eingebrachte Kompetenzdiskussion.[135]

---

131 Ausubel, David P.,(1979), a.a.O. Ausgewertet wird von mir das 14. Kapitel „Probleme der Berufswahl im Jugendalter", S. 415-443.
132 Ebenda, S. 420.
133 Ebenda, S. 437.
134 Ebenda, S. 441. Das ist ein wichtiger Aspekt für die Entwicklung eines Kooperationsmodells.
135 Die Kompetenzdiskussion, die vorher bereits in der beruflichen Weiterbildung von Erpenbeck u.a. geführt wurde, wird hier nicht aufgenommen. Es sei auf die umfangreiche Literatur dazu verwiesen: Klieme, Eckehard u.a. (2007), Zur Entwicklung nationaler Standards-Expertisen, Bonn/Berlin. Die Entwicklung der Kompetenzdiagnostik ist konzipiert als ein Weg zu individueller Förderung. Kremer (vgl. Kremer, Hugo / Zoyke, Andrea (2008) Kompetenzdiagnostik als Basis individueller Förderung, Paderborn) weist allerdings auf Schwierigkeiten bei der Nutzung der Diagnoseergebnisse aus der „Berufsfindung und Arbeitsprobung" hin. Es stellt sich das Problem der Verbindung von Kompetenzdiagnose in individueller Förderung.

Der Verlauf desjenigen Teils, der sich auf die Kompetenz zur Berufswahlreife bezieht, soll hier wiedergegeben werden.

Jung[136] begründet die Entwicklung einer Theorie der Kompetenz zur Berufsorientierung damit, dass das komplexe Geschehen am Übergang vom Bildungs- ins Beschäftigungssystem – wenn eine entsprechende Kompetenz vorhanden ist – besser erfasst werden könne, und er bezieht sich dabei auf die Publikation des „Nationalen Pakts für Ausbildung und Fachkräftenachwuchs" (2006), der dazu die Struktur dieser Übergangsbewältigung in drei gestuft verstandenen Begriffen vorgeschlagen hat. Damit soll eine inhaltliche Verständigung zwischen allen Beteiligten erzielt werden.

Die Ausbildungsreife ist bei Jugendlichen dann vorhanden, wenn die allgemeinen Merkmale der Bildungs- und Arbeitsfähigkeit erfüllt und die Mindestvoraussetzungen für den Einstieg in die berufliche Ausbildung vorhanden sind. Damit werden keine spezifischen Anforderungen gemeint. Der Jugendliche muss in Anleitungsprozessen diese Ausbildungsreife erwerben.

Berufseignung hat ein Jugendlicher dann, wenn er entsprechende personelle Dispositionen mitbringt, die auf die spätere Erreichung beruflicher Anforderungen zielen. Mit der Berufseignung wird die Ausbildungsreife auf ein bestimmtes Tätigkeitsspektrum ähnlich strukturierter Berufe eingegrenzt.[137]

Wenn berufliche Eignung vorliegt, werden marktabhängige und betriebs- bzw. branchenabhängige Faktoren und personenbedingte Faktoren einbezogen, damit Vermittelbarkeit entsteht.

Nach der Berufseignung gilt es, die Ausbildungsfähigkeit zu bestimmen. Die Ausbildungsfähigkeit soll die grundsätzliche Befähigung messen, im den vielfältigen Erfordernissen einer Berufsausbildung gerecht werden zu können. Diese Fähigkeit ist in der Kompetenzdiagnostik eine von mehreren übergangsrelevanten Eigenschaften, die auch Fertigkeiten, Wissen, Können und Kenntnisse zusammen zu einem Eigenschaftenbündel vereinigt.

Die gemessene Ausbildungsfähigkeit ist ein allgemeines, eindeutig zu definierendes Anforderungsbündel. Sie habe eine prognostische Wirksamkeit und besitze eine funktionale Wirksamkeit auf die Lebensbiografien. Was allerdings da zusammen getragen worden ist, überragt den Begriffsgegenstand einer Fähigkeit erheblich.

---

136 Jung, Eberhard (2011), Bildungsziel Übergangsbewältigung: Begriff kompetenztheoretische Einbettung, Vermittlung in der beruflichen Bildung, nach Manuskript, S. 5-9.
137 S. auch die Diskussion in diesem Band zu Beginn dieses Kapitels.

Es ist also für die Bewältigung des Übergangs ein Kompetenzbündel definiert worden, das die Benutzung des Begriffes Berufswahlkompetenz überflüssig macht. Das übergangsrelevante Wissen und Können wird deshalb „Arbeits- und Berufsfindungskompetenz" genannt. Mit einem Hinweis auf Schober[138] wird die Gefahr des trivialen Umgangs mit diesen Konstrukten deutlich, denn „Übergänge, speziell arbeits- und berufsbezogene, bilden große Herausforderungen im Leben von Menschen, die es positiv zu bewältigen gilt." Welch eine Erkenntnis!

Die Versuche Scharmanns – auch Lazarsfeld – für die jungen Menschen den einen richtigen Beruf zu finden, selbst wenn die Hilfskonstruktionen berücksichtigt werden, die zur Rechtfertigung eingebracht wurden, können nicht als Lösung akzeptiert werden. Auch die in der Folgezeit angestrengten Vorschläge zur „richtigen" Berufswahl einschließlich der entwickelten Berufswahltheorien[139] blieben ohne empirische Relevanz. Die jüngsten Versuche, amtliche Berufsberatung und Schule durch Vereinbarungen und die Konstruktion von Kompetenztheorien und Kompetenzkataloge zu etablieren, scheitern an den Hoffnungen, mit einem – höchstens zwei – Akteuren komme die Berufswahl zu einem konstruktiven Ergebnis. Statt dessen sind Lösungen nur dann Erfolg versprechend, wenn alle Akteure – alle Instanzen der Beratung, Informationen, Betreuungen – jeweils nach den spezifisch ihnen eigenen Möglichkeiten als Teile eines Berufsorientierungssystems genutzt werden. Eines Systems, das wir hier zu entwickeln versuchten und zu dem bisher einzelne empirische Daten sowohl die Einzel- als auch die Gesamtwirksamkeit vorliegen.

Der Kompetenzerwerb vollzieht sich als Prozess, in dem „eingeschlagene Wege, Entscheidungen und Ziele reflektiert und gegebenenfalls überdacht und korrigiert" werden.[140]

> „Es gilt, sich Wissen und Können anzueignen, zu integrieren, weiterzuentwickeln und zu bewerten und die ursächliche Herausforderung im Rahmen eines ganzheitlichen Kompetenzentwicklungsprozesses positiv zu bewältigen."[141]

Eine jüngste Entwicklung zur Eignungsdiagnostik[142] hat das Bundesinstitut für Berufsbildung für den Übergang von der allgemein bildenden Schule in das System der Berufsausbildung angestoßen. Es hat ein Modell einer Bildungskette konstruiert, deren erstes Glied von der Klasse 7 an Berufseignungsdiagnostik

---

138 Schober, Karen, a.a.O.
139 Jede der bekannt gewordenen Berufswahltheorien behandelt Teilaspekte. Für die Komplexität gibt es keine Theorie und kann es nicht geben.
140 Jung, Eberhard (2010), Kompetenzerwerb, München, S. 84.
141 Ebenda, S. 85.
142 Päßler, Katja u.a. (2002), Grundlagen der Berufseignungsdiagnostik und ihre Anwendung auf den Lehrerberuf, in: ZfPäd. 57/2002/5, S. 636 ff.

betreiben soll. Das zweite Glied dieser Kette ist der begleitenden Übergangs-problematik von der allgemein bildenden Schule in die Berufsausbildung zuge-ordnet, die bis in das 1. Ausbildungsjahr reichte. Das dritte Glied der Bildungs-kette ist Berufsorientierung in dem weiteren Sinne der Definition durch das BiBB.

Mit der „Berufseignung" soll die Eignungsabschätzung über Fähigkeiten, Fer-tigkeiten, Kenntnisse und weitere leistungsrelevante Merkmale untersucht wer-den. Mit ihr „wird die Erfolgswahrscheinlichkeit einer Person für ein berufliches Tätigkeitsfeld bezeichnet…".[143] Dieser Schritt voran wird „immer als eine ent-sprechende Bestimmung der beruflichen Anforderungen vorgenommen. Diese Anforderungen der vorgesehenen Tätigkeit sollen den Fähigkeiten, Fertigkeiten, Kenntnissen, Interessen und Bedürfnissen der Person gegenübergestellt werden. Drei Ansätze (Modalitäten) wurden entwickelt, mit denen die Diagnostik zu Er-gebnissen kommen soll:

- der biografische Ansatz
- der simulationsorientierte Ansatz, der berufliche Anforderungen durch inhaltsvalide Verhaltensstichproben abbildet
- der konstruktorientierte Ansatz, der auf die Erfassung homogener Kon-strukte im Sinne von „Traits" abzielt

Für die Praxis werden „Multiple Verfahren" vorgeschlagen. „Idealerweise wer-den dabei Verfahren aus den drei vorgestellten Ansätzen kombiniert, um die Validität der Diagnose zu erhöhen."[144] Damit ist der Prozess der Eignungsdiag-nostik noch nicht beendet. Das BIBB entwickelt gegenwärtig das Modell der Bildungskette weiter.[145]

Geschichte der Berufsberatung in der Arbeitsverwaltung

Das Problem einer verständigen, angemessenen und sachorientierten Berufswahl kann, wenn es nicht befriedigend gelöst wird, zu negativen Folgewirkungen füh-ren, die sich auch in einer als fehlerhaft empfundenen, aber fachlich begründeten Entscheidung für einen Ausbildungsberuf äußern kann.

---

143 Ebenda, S. 639.
144 Ebenda, S. 643.
145 Vgl. Sarigöz, Salige / Peschner, Jan / Acker, Christoph (im Erscheinen), Bildungsstellen bis zum Berufsabschluss (Arbeitstitel), Exposé für das Handbuch: Übergang von der Schule in die Ausbildung.

Es leuchtet unmittelbar ein, dass die Ursache für Ausbildungsfehlverläufe gründlich untersucht werden muss, denn sie sind Teil der Übergangsproblematik von der Schule in den Betrieb[146]. Das gilt besonders vor dem Hintergrund der bisherigen Schwierigkeiten, auf die Stratmann in seinem Aufsatz „Berufsorientierung als pädagogisches Problem" aufmerksam gemacht hat:[147]

> „Wer die pädagogische Literatur der letzten zehn bis fünfzehn Jahre auch nur flüchtig sichtet, wird feststellen, dass die ‚Probleme des Übergangs von der Schule in den Betrieb' einen breiten Raum in der Fachdiskussion einnehmen."[148]

Das schrieb er 1966! Leider kann man diese Feststellung auch heute noch machen. Nach mehr als einem halben Jahrhundert noch die gleichen Probleme? Die gleichen sicher nicht, aber eine zufrieden stellende Lösung gibt es auch noch nicht.

Auch der Deutsche Ausschuss betonte, dass es darum gehe, den Schülern die Möglichkeit zu schaffen, ihre Berufswahl verständiger treffen zu können. Als wichtiges Argument zählt er damals wie heute – und wie Stratmann nachweist, auch schon in früheren Zeiten - dass die Überschaubarkeit der modernen industriellen Arbeitswelt verloren gegangen war. Dieses Problem ist aber nicht erst im 20. Jahrhundert aufgetreten, vielmehr war die Problematik bereits weit vor der Industrialisierung ein Anlass für ernste pädagogische Sorgen. Deshalb kann eine Betrachtung der historischen Entwicklung der Berufswahl auch erhellend für die Gegenwart sein und helfen, einen Mythos zu entlarven, nach dem im 17. Jahrhundert die Berufswelt übersichtlicher gewesen sei. Diese Überschaubarkeit allerdings durfte auch früher kaum auf das Ganze beruflicher Möglichkeiten zutreffen. Ja, im Jahr 1268 wurde bereits eine Liste in Frankreich mit 101 Berufen aufgestellt, in denen eine durch Lehrlings-, Gesellen- und Meisterstatur geordnete Ausbildung möglich war. In den folgenden Jahrhunderten erhöhte sich diese Zahl – regional unterschiedlich – noch um ein Erkleckliches. So gab es 1691 einhundertneunundzwanzig in Zünften organisierte Berufe, 1698 werden in einem Ständebuch 200 Berufe genannt, 1841 sind in England 431 Berufe aufgezählt.[149]

Das Problem entstand, nachdem die traditionsgeleitete Gesellschaft des Mittelalters von neuen Orientierungen des Zusammenlebens abgelöst wurde.

---

146 So die Zentralstelle für Erforschung und Förderung der Berufserziehung, Bielefeld 1957.
147 Stratmann, Karlwilhelm (1966), Berufsorientierung als pädagogisches Problem, in: ZfPäd, S. 570-584.
148 Ebenda, hier S. 570.
149 Vgl. Hesse, Hans Albrecht (1972) Berufe im Wandel, Stuttgart, S. 25.

Danach musste das Individuum sich seinen Beruf eigenverantwortlich wählen. Dazu ist es entsprechend zu erziehen und auszubilden.

Maßgeblich wurde jetzt eben die Fähigkeit, eine Berufswahl so zu treffen, dass der geeignete Beruf gefunden wurde, in dem man den Anforderungen gerecht werden könnte. Aber durch die Begabung allein sei eine eindeutige Lösung zum Finden des richtigen Berufes nicht garantiert (falsche Berufswahl nicht ausgeschlossen). Die Einstellungen der Jugendlichen, die einen Beruf erlernen wollten, müssen von ihren Eltern unterstützt werden, und wenn das nicht reichte, mit der Hilfe „verständiger Männer". Keineswegs reiche die Neigung des Kindes allein aus, die richtige Wahl zu treffen.

Der Betroffene selbst ist jetzt in der Pflicht, sich über seine Fähigkeiten Kenntnisse zu verschaffen und die Hilfe von den Eltern und von Experten anzunehmen und einzufordern.

Im 17./18. Jahrhundert wurden die Eltern im Rahmen ihrer Alimentierungspflicht aufgefordert, ihren Kindern bei der Berufswahl zu helfen und sie durften sich dieser Aufgabe nicht entziehen.

Andererseits waren die Eltern (der Vater) nach dem Preußischen Allgemeinen Landrecht von 1794 (§ 109) auch angehalten, nicht ihren eigenen Vorstellungen zu folgen, sondern auf die Neigungen, Fähigkeiten und körperlichen Möglichkeiten der Söhne Rücksicht zu nehmen. Im Großen Vollständigen Universal-Lexicon aller Wissenschaften und Künste von Zedler, schrieb dieser im Stichwort „Lebensart"[150], dass falsche Berufswahlen zu vermeiden seien und dazu wurden entsprechende Forderungen an die Eltern gerichtet. Denn den jungen Menschen sei noch nicht klar welche „Lebens-Art" sie ergreifen könnten. Sie müssten sich von solchen Menschen leiten lassen, die die Sache verstehen.

Die Verantwortung der Eltern wird in dieser Entwicklung nicht gemindert, allerdings wird infrage gestellt, ob diese auch fähig seien, die Wahl richtig zu unterstützen. Deshalb sollte man nach Möglichkeiten suchen, Autoritäten zu finden, die an der Stelle der Eltern die Berufsorientierung übernehmen und die an diese Aufgabe institutionell verankert sind. Diese Institution sah man in den Elementarschulen.

Diese aber wiederum waren derart mangelhaft organisiert und auch didaktisch nicht in der Lage, diese Funktion zu erfüllen[151]. Die Klage lautete, dass die Jugend durch die Schulen mit keinem Worte von den Dingen und Inhalten unter-

---

150 s. dort Band 16 (1737), Spalte 1274.
151 Justi, Johann Heinrich G. (1758), Staatswirtschaft oder Systematische Abhandlung aller Oekonomischen und Cameral-Wissenschaften, 2. Aufl. Leipzig, Bd. I, S. 316, hier S. 576, zitiert bei Scharmann.

richtet werde, die sie einmal im bürgerlichen Leben brauchen. „Die Schüler hörten nicht einmal etwas von den allgemeinen Wirtschaftsregeln und denen Pflichten, die sie einmal als Hausväter und Bürger zu beobachten haben, noch von allgemeinen mechanischen Grundsätzen und Regeln, die allen Handwerken nützlich seyn".[152]

Und heute?

Erst am 1. Januar 1998 wurde der dritte, neue und jetzt gültige Teil des Sozialgesetzbuches (SGB III) als rechtliche gesetzliche Basis für die Berufsberatung geschaffen. Es löste alle bisherigen Versuche und Maßnahmen einer rechtlichen Regelung ab. In ihnen wurden die bis dahin getrennten Bereiche „Berufsberatung" und „ Arbeitsberatung" zusammengefasst und „Vermittlung" genannt.

Wie hatte sich bis zu diesem letzten Gestaltungsversuch zur Festlegung organisatorischer, politischer und rechtlicher Grundlagen die amtliche Berufsberatung in Deutschland entwickelt, die durch die Reichsanstalt für Arbeit und deren Nachfolge vertreten wurde? Wir werden – weil es in knapper Form einen Überblick verschafft – der Darstellung von Reinhard Krämer folgen: „Die Berufsberatung in Deutschland von den Anfängen bis heute – eine historische Skizze".[153]

Als allgemeinen Anspruch formuliert Krämer,[154] dass zur Erfüllung der Aufgabe der Berufsberatung die Berufsaufklärung galt. Das bedeutete, dass sie über Fragen der Berufswahl, über die Berufe, deren Anforderungen und Aussichten, Wege und Förderung der beruflichen Bildung sowie über beruflich bedeutsame Entwicklungen in Betrieben, Verwaltungen und auf dem Arbeitsmarkt *umfassend* unterrichten sollte. Hier wird der Anspruch deutlich, dass es auf Informationsangebote ankam. Es wurde nicht berücksichtigt, in welcher Form diese Informationen von den Betroffenen verwertbar sein könnten.

Die Historie lassen wir beginnen mit dem Jahr 1896. Im Jahr 1898 hat der „Bund Deutscher Frauenvereine" den Begriff Berufsberater geprägt und 1902 mit der Auskunftsstelle für Frauenberufe die erste Berufsberatungseinrichtung

---

152 Stratmann, K. (1966), a.a.O., S. 576.
153 Krämer, Reinhard (2001), Die Berufsberatung in Deutschland von den Anfängen bis heute – eine historische Skizze, aus: ibv Nr. 16/2001.
Reinhard Krämer ist Berufsberater im Arbeitsamt Kaiserslautern. Sein historischer Überblick ist dem Renommee der Bundesagentur für Arbeit geschuldet – es ist eine Art Festrede auf die neue Einrichtung des „Arbeitsamtes 2000". Aus dem Text werden die wichtigsten fachlichen Daten herausgegriffen. Die Kommentierungen und Wertungen bleiben unerwähnt.
154 Vgl. Krämer, a.a.O.

geschaffen. Die Zentralstelle für Volkswohlfahrt – besonders zuständig für die Jugendpflege – brachte die Entwicklung der Berufsberatung voran, gründete 1913 den „Deutschen Ausschuss für Berufsberatung". Der dort formulierte Grundsatz ist bis heute bestimmend geblieben.

Der Ausschuss fasste Berufsberatung und Lehrstellenvermittlung zusammen, denn sie seien zusammengehörig. 1917 wurde das erstmalig in einer staatlichen Verordnung über Berufsberatung und Lehrstellenvermittlung in Bayern eingeführt.

Am 9. Dezember 1918 wurde das Reichsamt für wirtschaftliche Demobilmachung eingerichtet. Damit wurden in Städten und Gemeinden öffentliche Berufsberatungen und Lehrstellenvermittlungen ermöglicht.

Eine rechtliche Verankerung erfolgte in der Weimarer Reichsverfassung von 1919: Art. 148 fordert die Berücksichtigung der berufsorientierenden Aufgaben durch die öffentliche Schule mit dem Arbeitsunterricht als ordentlichem Lehrfach. Dieser Aufnahme in das Verfassungsrecht gingen Versuche gesetzlicher Regelungen voraus und es folgte schließlich 1927 ein Ansatz zu grundsätzlicher Klärung.

Am 22. Juli 1922 wurde im Reichstag das Arbeitsnachweisgesetz (ANG) verabschiedet. Damit wurde die organisatorische Verbindung von Berufsberatung und Lehrstellenvermittlung mit den Arbeitsnachweisämtern ermöglicht.

Noch im gleichen Jahr wurde das Reichsamt für Arbeitsvermittlung als Fachabteilung in die Reichsarbeitsverwaltung aufgenommen. Angeblich sollten die Arbeitsnachweisämter keineswegs ein Monopol auf Berufsberatung und Lehrstellenvermittlung haben.

Am 12. Mai 1923 erließ die Reichsarbeitsverwaltung allgemeine Grundsätze für die Berufsberatung und Lehrstellenvermittlung, innerhalb wie außerhalb der Arbeitsnachweisämter - damit doch zumindest Vorbereitung und Grundlegung des Monopols der Beratung. Die Grundsätze umfassten: 1. Orientierung an Eignung und Neigung, 2. Unparteilichkeit in der Beratung und Vermittlung, 3. Berücksichtigung der allgemeinen Lage auf dem Arbeitsmarkt.

Am 1. Oktober 1927 trat das Gesetz über Arbeitsvermittlung und Arbeitslosenversicherung (AVAVG) in Kraft. Damit wurde die Reichsanstalt für Arbeitsvermittlung und Arbeitslosenversicherung eingerichtet. In der Folge wurden Berufsberatung und Lehrstellenvermittlung als gleichberechtigte Pflichtaufgaben neben Arbeitsvermittlung und Arbeitslosenversicherung übertragen. Außerhalb der Reichsanstalt durften lediglich nicht gewerbsmäßige Einrichtungen Berufsberatung anbieten. Hier also entstand endgültig das Monopol.

Die Diskrepanz zwischen arbeitsmarktpolitischen Anforderungen einerseits und pädagogischen Zielen andererseits war vom AVAVG zu Gunsten der arbeitsmarktpolitischen Erfordernisse vertieft. Die Forderung der Zusammenarbeit von Berufswählern mit Eltern, Lehrern, Gemeinden und Wirtschaftsunternehmen sollte Konflikte verhindern, stand aber immer unter den Kautelen des AVAVG.

Ergebnis waren die „Richtlinien für die Zusammenarbeit von Berufsberatung und Schule". Sie wurden vom Reichsarbeits- und Reichsinnenministerium herausgegeben (also nicht aus pädagogischer Verantwortung). Interpretiert wurde das, dass die Schule die allgemeine Vorbereitung der Schüler auf die Berufswahl in geeigneten Unterrichtsfächern übernahm, während die Berufsberatung Berufsorientierung in Form von Schulbesprechungen und Elternabenden und individuellen Beratungsgesprächen anbot,[155] Damit blieb der Schule nur eine Hilfsfunktion. Das hatte zur Folge, dass sie als ein Störer in der Berufsberatung bis 1933 gesehen wurde, denn mit ihr konnte keine Berufslenkung getätigt werden.

Diese fehlende Berufslenkung als Mangel, der erst 1933 behoben wurde, wurde von Krämer ausdrücklich noch 2000 beklagt, obwohl schon 1939 das Internationale Arbeitsamt[156] in den Schulen den Schülern die wirklichen Arbeitsbedingungen zu vermitteln hatte. Nach 1945 galt noch:

> „Damit sich die Berufsberatung einen Überblick über die Zahl der Schulabgänger machen konnte, mussten sich alle Personen im arbeitsfähigen Alter bei ihr melden. Auf der anderen Seite hatte die Berufsberatung ihr Monopol zu wahren und für die Besetzung aller ihr von den ausbildungswilligen Betrieben angezeigten Lehrstellen zu sorgen: Nur sie durfte Lehrlinge vermitteln und nur sie konnte die Ausbildung oder den Wechsel von Lehrlingen genehmigen."[157]

Und außerdem galten die Regelungen von vor 1945 weiter. Sie wurden ergänzt durch die Bestimmungen des „Kontrollrats-Befehls Nr. 3" von 1946.[158]

Das Grundgesetz beendet 1949 die Praxis der Berufsnachwuchslenkung. Etwas merkwürdig mutet der Satz von Krämer an: „Sechs Jahre hatte man also in der Nachkriegszeit benötigt, um sich von den Fesseln der im Dritten Reich einge-

---

155 Vgl. ebenda.
156 Internationales Arbeitsamt (Hg.) (1939), Empfehlung Nr. 57(31).
157 Ebenda, Sp. 1165.
158 Eine Erklärung von 1948 richtete sich u.a. an das Recht der freien Berufswahl – Allgemeine Erklärung der Menschenrechte vom 10.12.1948, Art. 23, Abs. 1. Erklärer waren die Vereinten Nationen. Wir gehen hierauf nicht weiter ein, da diese Erklärung keine rechtliche Durchsetzung enthielt und damit wirkungslos blieb.

führten Arbeitskräfte- und Berufnachwuchslenkung zu befreien."[159] Aus eigener Kraft hat man das überhaupt nicht geschafft, sondern durch die Regelungen im Grundgesetz.

Die Neufassung des AVAVG vom 3. April 1957 definierte Berufsberatung jetzt als „jede Erteilung von Rat und Auskunft in Fragen der Berufswahl" und die zu ihren Aufgaben zählende Lehrstellenvermittlung. Dazu zähle jede Tätigkeit, die auf das Zustandekommen von beruflichen Ausbildungsverhältnissen gerichtet ist. Das Beratungs- und Vermittlungsmonopol war bei der Arbeitsvermittlung, Berufsberatung und Lehrstellenvermittlung nur von der Bundesanstalt genehmigt. Man achte hier besonders auf den Passus der Lehrstellenvermittlung als Monopol.

Zwar hatte das 1957 novellierte AVAVG die Bundesanstalt verpflichtet, die Berufsberatung durch allgemeine Maßnahmen der Berufsaufklärung zu ergänzen und zu unterstützen, aber erst das AFG schrieb der Bundesanstalt eine enge Zusammenarbeit in Einrichtungen der allgemeinen und beruflichen Bildung vor.

In der nächsten Instanz mit dem AFG 1969 (Arbeitsförderungsgesetz) wurden erstmals die Ziele der Bundesanstalt für Arbeit neu orientiert. Damit wurde der Berufsberatung ein relativ höherer Rang vor der Arbeitsvermittlung zugemessen. Die Erfolge blieben allerdings marginal.

Jetzt wurde 1971 das Kooperationsabkommen mit der Kultusministerkonferenz eingeräumt, das die Zusammenarbeit von Schule und Berufsberatung begründete, aber letztlich am Monopol der Bundesanstalt festhielt.

In den einzelnen Dependancen der Bundesanstalt für Arbeit und in ihrer Zentrale in Nürnberg zusammen mit dem Forschungsinstitut der Bundesanstalt – Institut für Arbeitsmarkt- und Berufsforschung – wurde das System der persönlichen Berufsberater gestärkt. Die Berufsberater, die nicht nur formal, sondern auch organisatorisch durchaus interessiert an der Zusammenarbeit – der dienenden Zusammenarbeit – mit den Schulen sind, boten Sprechstundenvereinbarungen an, in denen junge Menschen nach Voranmeldung bis zu 30 Minuten in der Regel Informationen auf ihre Fragen erhalten und auch auf Wunsch Fragenbeantwortung erwarten konnten. Das Prinzip dieser persönlichen Beratung basierte auf den Überlegungen, wie nach den Vorstellungen der Bundesanstalt sich die Wirkung von Beratung für diese Thematik am effizientesten gestalten ließe. Dabei blieb sie dem Grundprinzip bis heute verhaftet, dass Berufsberatung im strengen Sinne lediglich Beratung sei – und das heißt Information - und nur Beratungshilfe für eine individuell vom Ratsuchenden zu verantwortende Entscheidung sein kann und sein soll. Unterstützt wurde die Haltung der Berater

---

159 Ebenda.

und die der Arbeitsmarktforschung durch sich entwickelnde Berufswahltheorien – viele in den Vereinigten Staaten – die überwiegend von einem informations- und lerntheoretischen psychologischen Ansatz ausgingen und Einfluss auf die Berufswahlpraxis kaum gewinnen konnten.

In dieser Zeit entwickelte die Bundesanstalt auch Experimente zur Förderung der Beratungswirksamkeit, nämlich die Entwicklung von Medien für den Unterricht und die Selbstinformation und die Gründung der Berufsinformationszentren (BIZ).

Neben diesen, man könnte sagen Ausgründungen, der Berufsberatung, da hier auch andere Informationsstrukturen und Organisationen geschaffen und implantiert wurden, wurden auch die personellen Besetzungen verändert. Diese Informationsagenturen forderten geradezu andere Strukturen, da das BIZ sich als Selbstinformationseinrichtung verstand. Daneben wurden aber auch Zusammenarbeiten bei der Erstellung von unterrichtsspezifischen Materialien erforderlich.

Auf dem Wege experimenteller Erweiterung und Absicherung der bisherigen Berufsberatung in der Bundesanstalt für Arbeit gab es eine durchaus erfolgreiche Variante: Die Präsenztage der Berufsberater in den Schulen und die Teilnahme von Berufsberatern an schulischen Veranstaltungen entweder als Informationsgeber in speziellen Veranstaltungen im Unterricht in der Form des Expertengesprächs oder Teilnahmemöglichkeiten durch die Wahrnehmung an Einladungen zu Elternveranstaltungen, die von den Landesministerien für die Schulen verpflichtend eingerichtet wurden und an denen die Beteiligung der Berufsberatung als Gäste besonders erwünscht war.

Das Neue am SGB III wird beschrieben mit den Aufgabenfeldern „Beratung und Vermittlung", die jetzt umfassender als je zuvor definiert werden. Zur Beratung gehören neben Berufsberatung Eignungsfeststellung, Berufsorientierung und Arbeitsmarktberatung. Berufsberatung ist die Erteilung von Auskunft und Rat zur Berufswahl, beruflichen Entwicklung und zu Berufswechsel. Auch Auskunft und Rat zu Fragen der Ausbildungsförderung der schulischen Bildung zählen lt. SGB III zu den Aufgaben der Berufsberatung. Also hier wieder eine entsprechende Erweiterung der Aufgaben. Die Konkurrenz der Schule wird offenbar nicht gern gesehen und die Aufgaben der Schulen einzugrenzen versucht.

Das SGB III soll die stärkere Eigenverantwortung und Mitwirkung der Ausbildungs- und Arbeitssuchenden verankern. Hier scheint die Neigung vorzuliegen, Verantwortung abzuschieben.

Schmidt-Köhlein[160] bewertet die neue Strukturentwicklung nach den Sozial-gesetzen III kritisch. Da die ehemals eigenständige Abteilung Berufsberatung aufgelöst und in die Arbeitsvermittlung (aktive Arbeitsförderung) eingegliedert wurde, wurde auch der Organisationsplan der Agentur für Arbeit 2007 geändert. Diese führen zu einer Erosion der originären Aufgabe Berufsberatung:[161] In der Antwort der Bundesregierung BT – Drs. 16/4462 auf die Anfrage wird befürch-tet, dass die originäre Aufgabe der Berufsberatung den wachsenden Anforde-rungen womöglich nicht mehr gerecht werden könne.

Da er als Mitarbeiter der Bundesagentur für Arbeit an Hand der institutsei-genen Publikationen die Historie vorträgt, haben wir mit einer anderen Skizze diejenige Form der Berufsberatung dargestellt, die der amtlichen Berufsberatung vorausging[162] – die schulische.

Diese Auseinandersetzung verdient wegen der interessengeleiteten Ansprü-che der Arbeitsmarkpolitik auf der einen und der Bildungspolitik auf der ande-ren Seite insofern einen eigenen Status, weil an ihr die gesellschaftlichen Wand-lungen fokussiert werden, die in der gegenwärtigen Entwicklung zu Gunsten der individuellen Berufswunschbildungen einerseits manifest werden, sich ande-rerseits sowohl zur Eigenverantwortung des Individuums als auch zur Besin-nung auf die Beratungsansprüche und Beratungsstrukturen der engeren sozialen Bezugssysteme wie Familie und Freundeskreise (Peer-groups) entwickelt.

Historische Entwicklung der Berufsorientierung in der Schule

Jede Form praktischer Lebensbewältigung ist darauf angewiesen, bis zu einem gewissen Grade auf die tatsächlichen Gegebenheiten und Gesetzmäßigkeiten des betreffenden Lebensbereiches Rücksicht zu nehmen.[163] „Ohne ein gewisses ... Maß von Realismus ist eine erfolgreiche Praxis kaum möglich."[164]

---

160 Schmidt-Köhlein, Kristina (2010), a.a.O., S. 48.

161 Hirsch, Nele / Staack, Sonja (2007), Alles bestens in der Berufsberatung. Auswertung auf die Antwort der Bundesregierung BT-Drs. 16/4462.

162 Die nach 1918 – dem Ende des Ersten Weltkrieges – aufflammende Kontroverse zwi-schen den allgemein bildenden Schulen und den Arbeitsagenturen, die nach Etablierung – in gewandelter Form – der Einrichtung des Faches Arbeitslehre und der darin eta-blierten Berufsorientierung wieder auflebte, wird in einem besonderen Kapitel abschlie-ßend behandelt.

163 Vgl. Albert, Hans (1987), Kritik der reinen Erkenntnislehre, Tübingen, S. 39.

164 Vgl. Schiffler / Winkler (1985), 1000 Jahre Schule, Stuttgart/Zürich, S. 41.

Wenn die Berufsorientierung der Schule und auch außerschulischen Institutionen übertragen werden soll, dann muss über die Mahnungen an die Protagonisten hinaus die getroffene Entscheidung – der gegebene Ratschlag – kritisch darauf überprüft werden, wer ergänzend zu Eltern und Meistern den Jugendlichen helfen könnte.[165] Die Schulen, schon seit sie gegründet wurden, hielt man – nicht immer – für qualifiziert genug, in dieser Lage zu bestehen. Schulen gingen einher mit Stadtgründungen. Man kann sagen, dass Städte sehr früh in ihrer Entwicklung auf Bildung setzten, ja setzen mussten, wollten sie ihre Entwicklung nicht gefährden. Das war dann in der Konsequenz die Zeit der Schulgründungen.

Im Mittelalter gab es nur wirklich in der Stadt eine Möglichkeit, Handel zu treiben. Auf dem Lande mit der einfachen landwirtschaftlichen Produktion wurde vielfach lediglich das Auskommen für den eigenen Bedarf erreicht. „Die abendländische Stadt wurde im Mittelalter zur zentralen Drehscheibe – zunächst für das ökonomische später für das schriftliche und schließlich auch für das politische Leben.“[166]

Es waren aber vor den Städten Schulen vorhanden, sie waren die Keimzellen des späteren europäischen Bildungswesens, deren Funktion es ursprünglich war, im Wesentlichen für die damaligen Berufstätigkeiten zu qualifizieren. Sie sorgten für die Ausbildung von Priestern, für die Verwaltung von Klöstern und Diözesen und denen zugehörigen Gütern.

Zwar entstanden die städtischen Schulen nicht direkt aus den Klosterschulen, Ordensschulen und Bistumsschulen, aber die Grundlagen für die Lehrtätigkeit sowohl an den Ritterakademien als auch an den städtischen Lateinschulen wurden in den Ordensschulen gelegt.

„Die städtischen Formen des Verwaltens und Wirtschaftens sowie das Leben in Handel, Gewerbe und Stand verlangten Fähigkeiten, wie sie auch noch im 12. und 13. Jahrhundert nur von ganz wenigen erwartet werden konnten.“[167]

Der Rang der beruflichen Bildung wurde damit begründet. Eingelöst wurde er von Schulen, die um ihre Klientel werben mussten.

Das beförderte auch in Deutschland entsprechende Schulen, die der Verwaltung und deren Wirtschaftsleben, zumal in den wachsenden, expandierenden Städten, die Vermittlung der erforderlichen Kenntnisse sicherten.[168]

---

165   S. auch unsere Eingangskapitel.
166   Straubhaar, Thomas H., Die Stadt macht die Menschen erfinderisch, Frankfurter Allgemeine Sonntagszeitung Nr. 22, S. 50.
167   Schiffler, Karl / Winkler, Rolf, a.a.O., S. 39 f.

Abel wollte eine zielgerichteten Auswahl Jugendlicher für bestimmte Berufe oder Berufsgruppen und den Beginn der beruflichen Ausbildung.

Eine Schule wie die Heckersche Realschule in Berlin 1747 schien in hohem Maße geeignet, ein Vorbild für das Problem der Berufseinmündung zu sein.

Mit dieser Gründung bekam die Realschule den Charakter und die Aufgabe einer Berufsgrundschule. Sie sollte die erstrebte Verzahnung zwischen Elementarschule und Berufsausbildung herstellen, d.h. den Übergang in die Arbeitswelt so vorbereiten und ebnen, dass er dank einer verständigen Berufswahl ohne Gefahr für die Schüler vollzogen werden könne.

Marperger[169] wollte – nach der Forderung Realien in die Schulen – mechanische Werkschulen und eine Kaufmannsakademie gründen.[170] „Es begann der Weg von dem Schlendrian zur Effizienz beruflichen Handels – vom ehrbaren Kaufmann zum brauchbaren Staatsbürger."[171]

Schulgründungen

Hecker gründete eine Schule als berufsvorbereitende „Oekonomisch-Mathematische Real-Schule", die Bestand hatte.

Alle die Bildungseinrichtungen aber vermittelten keine hinreichende Spezialisierung der beruflichen Kenntnisvermittlung, waren also eher berufsvorbereitende Schulen. Deshalb folgte die Gründung von Fachschulen.

Verschulung

Die Gründung der Hamburgischen-Handlungs-Akademie von Büsch 1768 hatte Nachfolgerinnen.

Reformrealität

Eine Durchsetzung der berufspädagogischen Reformen scheiterte. Es gab keine Schulpflicht und die Unternehmer unterstützten die Schulen nur begrenzt oder gar nicht. Viele entzogen die Lehrlinge der Schule.

---

168 Es könnte scheinen, als seien die vorher bestehenden Schulen nicht zur beruflichen Qualifizierung eingerichtet gewesen. Aber sowohl Klosterschulen als auch Ritterakademien bereiteten den Nachwuchs auf die Erwachsenentätigkeiten vor.

169 Vgl. Marperger, 1656-1731.

170 Vgl. Buchhäuser, Hans-Peter (2005), Berufsbildung, in: Hammerstein, Notker (Hg.), Handbuch der deutschen Bildungsgeschichte, Bd. 2, München, S. 401-419, S. 405 ff.

171 S. ebenda.

Die Zuordnungen der Realschule, auch Berufsorientierung zu übernehmen, wurden immer wieder aufgenommen.[172] Dass Schulen – besonders die verschiedenen Schulformen in einem gegliederten Schulsystem – verschiedenen und möglichst exakt definierten Zielen und daraus entwickelten Strukturen dienen sollen, erscheint evident.

Knapp gefasst sollen die gegenwärtigen deutschen Schulsysteme den beruflichen und Berufszielen unterhalb der akademischen Berufe oder der besonderen Gruppe der Beamtenberufe dienen. Diese Gruppe ist zweigeteilt:

– Die Standarddifferenzierung etwas pauschaliert dargestellt ergibt, dass die Hauptschulen für den Eintritt in die Berufe mit dem geringeren Anspruchsniveau besonders im Handwerksbereich (auch im Verkaufsbereich) zuständig wären und die Realschulen in den höheren gewerblich-technischen Berufen, besonders in den kaufmännisch-verwaltenden Berufen.
– Aber: Die Realschulen – so heißt es bei Stratmann[173] – genügten den Ansprüchen an eine Berufsorientierung nicht. Damals wurde auch schon die Alternative der eigenen praktischen Erfahrungen reflektiert.

Ende des 18. Jahrhunderts forderte man einen beruflichen Bildungsweg, der von der Elementarschule über die Berufsausbildung in Lehre und Gesellenzeit bis hin zur Meisterprüfung reichen sollte.

Es deutete sich eine Chance an, die eine schulische Vorbereitung auf den Beruf als Aufgabe der allgemein bildenden Schule einleiten sollte. Dieser Ansatz, der von Karl Friedrich Mohl 1798 angeregt wurde,[174] führte zur heutigen Diskussion nach Einführung des Faches Arbeitslehre und schloss die Strukturdiskussion von Haupt- und Realschule ein. Die Ansätze, Hilfen von den allgemein bildenden Schulen zu suchen, sollten den Prozess der Individualisierung der Beratung fördern, der von den staatlichen Beratungsinstanzen nicht wirklich eingelöst werden konnte. In diesem Zusammenhang sind zu allererst die Einrichtung von Real-(Gewerbe-)schulen zu erwähnen.

Man musste aber feststellen, dass eine einfache Ergänzung der Beratung zur „richtigen" Berufswahl nicht allein dadurch gelang, dass eine weitere Institution in den Prozess involviert wurde. Lag denn eine Eignung der Schule für diese

---

172 Horst Wollenweber (Hg.) (1979), Die Realschule Bd. 1+2, Begründung und Gestaltung, Unterricht und Bildungsgänge, Paderborn u.a.
173 Stratmann, Karlwilhelm (1967), Die Krise der Berufserziehung, Ratingen.
174 Zitiert bei Stratmann (1966), Die Berufsorientierung als pädagogisches Problem, in: ZfPäd, S. 570-584 S. 579.

Aufgabe vor? Bedurfte es Änderungen im Verständnis von Bildung bei den Lehrern und in der Bildungspolitik?

Die Volksschuldidaktik nahm sich der Frage der richtigen Berufswahl unter sozialpolitischen Aspekten an. Es gab deren zwei:

- Einerseits wurde es als unzulässig angesehen, dass die Erziehung zur Arbeit ein integrierender Teil der Schule sein sollte.
- Andererseits wollte man die Jugend zur Arbeitsamkeit bewegen, indem Handwerk und Hausfleiß entwickelt würden. Praktischer Unterricht sei eine Forderung der Zeit[175].

Als der Deutsche Verein für Knabenhandarbeit einen praktischen Unterricht einführen wollte, konfrontierte ihn das mit dem Deutschen Lehrertag 1882[176]. Auf der Tagung in Kassel regte sich Widerstand. Die Handarbeit gehöre nicht in die Schule. Nohl warf den Lehrern zu dieser Haltung vor, sie hätten die pädagogische Bedeutung der Bewegung noch nicht erkannt. Auch 1900 wandte der Deutsche Lehrertag sich gegen die Aufnahme des Knabenhandfertigkeitsunterrichts in den Lehrplan der Volksschule.[177] Die alte Volksschulpädagogik wollte von den alten Weltbildern des ganzheitlichen Werkes und der lebenslangen beglückenden Arbeit in einem erlernten Beruf nur zögernd abrücken.[178] Die Lehrer präferierten den methodisch geordneten Arbeitsunterricht, der die Ausbildung in einem speziellen Beruf vermied.[179]

Stratmann, der diesen Kampf berichtet, nennt leider nicht die Hintergründe des Widerstandes, den der Deutsche Lehrertag entwickelte. Waren es Ideologien, die den Blick auf die Arbeitswelt verstellten? Trugen die Lehrer Argumente für ihren Widerstand vor? Was hielt der Deutsche Lehrertag inhaltlich den Vorschlägen für die Handarbeit entgegen?

---

175 Es scheint mir, es waren standespolitische Widerstände. Strebten doch die Volksschullehrer, sich den Studienräten an den Gymnasien anzunähern, um Ausbildung, Status und Besoldung derselben zu erreichen. Die gymnasialen Lehrer hatten mit den Humboldtschen Idealen der wissenschaftlichen Bildung das Ziel vorgegeben, das im Handwerk (geschweige Industrie) und Haushalt keine Bezugsbereiche sah.

176 Nohl, Hermann (1988), die pädagogische Bewegung in Deutschland und ihre Theorie, 10. Aufl., Frankfurt S. 52.

177 Pache, Oskar (1904), im Art. Arbeitsschulen, Encyclopädisches Handbuch der Pädagogik, Bd. 1, hrsg. von W. Rein, 2. Aufl. und die Dissertation von Walter Dörrhöfer (1933), Die Geschichte des deutschen Vereins für werktätige Erziehung in den ersten fünfzig Jahren seines Bestehens, München.

178 Vgl. Eckert, Manfred / Stratmann, Karlwilhelm (1978), Das Betriebspraktikum, Köln.

179 Vgl. Pache, a.a.O., S. 257.

Eine rechtliche Verankerung der Berufsorientierung erfolgte in der Weimarer Reichsverfassung von 1919: Art. 148 fordert die Berücksichtigung der berufsorientierenden Aufgaben durch die öffentliche Schule mit dem Arbeitsunterricht als ordentlichem Lehrfach. Dieser Aufnahme in das Verfassungsrecht gingen Versuche gesetzlicher Regelung voraus und es folgte schließlich 1927 ein Ansatz zu grundsätzlicher Klärung.

Es blieben die Widerstände und damit die Kritik an der Haltung der Pädagogen. In seinem grundlegenden Aufsatz „Die berufspädagogische Aufgabe der allgemein bildenden Schulen" beklagte Bruno Klopfer „eine weit verbreitete Interesselosigkeit" der Lehrer an diesen Fragen.[180]

So beklagte er, dass die Lehrer an diesen Fragen „eine weit verbreitete Interesselosigkeit an den Tag legten" Sie sähen nicht, dass die berufspädagogische Aufgabe heute zur brennenden Kernfrage geworden sei. Er forderte, die berufspädagogische Aufgabe der allgemein bildenden Schule nicht als Nebenaufgabe zu übertragen, sondern als eine Kernfrage.

Nach dem Krieg blieben die Lehrer bei ihrer Haltung und ihre Kritik wurde fortgesetzt. Theodor Wilhelm[181] entlarvte das Bekenntnis zum Bildungswert von Arbeit als widersprüchlich. Seine Kritik an der Haltung der Lehrerschaft war deutlich:

> „Die deutsche Schule, ... will es im Grunde gar nicht wirklich wahr haben, dass Arbeit bildet."[182]

Immer wieder steht hinter den Fragen nach Hilfen für die Jugendlichen im Prozess der Berufswahl das Problem der nicht nur fachlichen Zuständigkeiten, sondern auch der nach den Möglichkeiten, die Eignung der jungen Menschen für eine berufliche Tätigkeit festzustellen, quasi eine Berufsorientierung zu übernehmen.

Otto W. Beyer[183] schlug vor, Arbeitsübungen für Knaben für eine Berufsausübung einzuführen, denn die Schulbildung breche zu jäh ab. Die Überweisung in die gewerbliche Handarbeit fange ebenso zu jäh an.

---

180   Klopfer, Bruno (1927), Die berufspädagogische Aufgabe der allgemein bildenden Schulen, in: Die Schule im Dienst der Berufserziehung und Berufsberatung, Berlin.

181   Wilhelm, Theodor (1974), Die Überlieferung der egalistischen Arbeitspädagogik, der Beitrag Kerschensteiners zum Thema Jugend in Schule und Beruf, ein Beitrag in: Theodor Scharmann (Hg.), Schule und Beruf als Sozialisationsfaktoren, 2. Aufl., S. 125 – 243.

182   Ebenda, S. 134.

183   Vgl. Beyer, Otto Wilhelm (1905) Handarbeit der Knaben, in: Rein, Wilhelm (Hg.), Enzyklopädisches Handbuch der Pädagogik, Bd. 3, S. 876-911, Langensalza.

Die verschiedenen Interessen führten auch zu einer breiten bildungspolitischen Diskussion. Sie begann 1923 und wurde mit dem 32. Sonderheft zu dem Reicharbeitsblatt „Berufsberatung, Berufsauslese und Berufsausbildung" 1925 fortgesetzt. Sie betraf in ihrer Breite nicht nur die Standesinteressen der Verbände, sie schloss auch die Arbeitsverwaltung ein, die sich zu der Zeit zu etablieren begann. In den deutschen Ländern waren bereits Erlasse zur Mitwirkung der Schule bei der Berufsberatung ergangen. Dazu gab es Versuche, die strengen Monopolbedingungen der Arbeitsverwaltung aufzulösen und die beiden Kontrahenten zu einer partnerschaftlichen kooperativen Arbeit zusammen zu führen.

Anfang des Jahres 1927 gestartet, bevor das AVAVG am 16. Juli 1927 veröffentlicht wurde, gab es einen energischen Versuch. Der Versuch scheiterte – aus politischen Erwägungen, die der wirtschaftlichen Lage der Zeit geschuldet waren und aus Konkurrenzgründen zwischen den beteiligten Ministerien. Die Diskussionen und Forderungen von damals taugen aber heute noch als Vorlage, wie eine Entwicklung zur weiteren Festigung der Berufswelt Jugendlicher begründbar sein kann – als Berufsberatung in der Schule.[184]

Ein zentraler Lösungsansatz, der aus einer unfruchtbaren Erstarrung eine Lösung bringen sollte, war die Forderung nach Brechung des Beratungsmonopols der damaligen Berufsberatung. Es lohnt sich, die damalige Diskussion wieder aufzunehmen. Initiationen zur Mitwirkung der Schulen in der Berufsberatung kamen aus dem Lande. Daraus reklamierten die Schulen Mitwirkung und Verantwortung. Da damit die strengen Monopolbedingungen der Arbeitsverwaltung aufgelöst worden waren, wurde die Initiative zu einem Politikum. Die Forderung nach einer Kooperation sollte 1927 verwirklicht werden. Welche Aufgaben blieben den Schulen? Käthe Gaebel machte einen Vorschlag, in dem eine enge Zusammenarbeit zwischen Schule und Wirtschaft entwickelt worden war. Die Schule sollte dabei besonders die Vorarbeit leisten. Sie sah in der Berufsberatung eine wirtschaftliche und pädagogische Aufgabe, „die nur durch enge Zusammenarbeit einer wirtschaftlichen Stelle ... und einer pädagogischen ... gelöst werden kann."[185]

Die obersten Schulbehörden hatten durch Erlasse die Schulen zur Mitarbeit an der Berufsberatung aufgefordert.[186] In Preußen war es zulässig, nach einem Erlass aus 1919, dass Berufsberatung von selbstständigen Stellen erteilt wur-

---

184   Vgl. Hellpach, Willy (1827), a.a.O.
185   Ebenda, S. 27.
186   Gaebel zitiert diese Richtlinien der Westfälischen Lehrer- und Lehrerinnenvereine und des Landesarbeitsamtes Westfalen und Lippe noch in ihrem Beitrag – S. 30 ff.

de.[187] Die Entwicklung war schnell zu Ungunsten der Schule verlaufen. Gab es dafür gewichtige Gründe? Zweifelte man an der Fähigkeit der Lehrer, fürchteten Berufsberater, bei der gemeinsamen Aufgabe unterrepräsentiert zu bleiben? Mit der Verlagerung von der Schule weg waren die bürokratischen Mechanismen der Staatsgewalt wirksam geblieben.

Gegen den Monopolanspruch der Arbeitsvermittlung und Arbeitsverwaltung wollte Hellpach den *einen* Beruf[188] für den jeweiligen jungen Menschen finden.[189] Alles, was zu einer *Zuweisung* zu Berufen tendiere, müsse sich die Schule vom Leibe halten. Die Berufsberatung insgesamt könne nur als Hilfe verstanden werden, wenn sie auf den *einen* Berufswunsch letztlich abzielt.

Es gab „Richtlinien für die ethischen und berufskundlichen Unterweisungen"[190], die

– die persönlichen Kräfte und Entwicklungsmöglichkeiten der Schüler abschätzen;
– die sittliche Auffassung von Arbeit und Beruf als Erziehungsziel forderten und damit die wirtschaftliche, persönliche und gesellschaftliche Bewertung der Berufsarbeit ins rechte Licht rückten;
– außerdem ein Bild der damaligen Berufsschichtung und Inhalte der Berufsbeschäftigung geben sollten.

Unser Rückblick öffnet den Blick darauf, wie zentrale Probleme früher erkannt wurden, aber noch immer nicht wirklich gelöst sind.

1939 wurde die Reform der Berufswahl durch das Internationale Arbeitsamt gestützt (Nr. 57 (31)). Eine Vorbereitung auf den Eintritt in die Arbeitswelt durch die Schule sei obligatorisch einzuführen. Sie sollte mit dem 13. Lebensjahr in den Schulen beginnen.

Im Gutachten von Dibbern/Kaiser/Kell, wurde die Berufsorientierung als Hilfe zur Anbahnung der Berufswahl, orientiert an der beruflichen Realität, als

---

187 Ebenda.
188 Hellpach unterstellte damit einen Zusammenhang zwischen der Fähigkeit, einen bestimmten Beruf zu erlernen und einer Struktur der Wirtschaftswelt, der auch als romantisch – von einem harmonischen Grundzustand einer Gesellschaft ausgehend – gesehen werden kann. Er stand damit frühen Vorstellungen von einem Zusammenhang von Fähigkeiten und der Verwendung der Fähigkeiten in der Arbeitswelt nahe.
189 Hellpach, Willy, a.a.O., S. 24. Hellpach entwickelte damit einen Anspruch, der über eine lange Zielorientierung der Berufsorientierung bis heute prägend geblieben ist. Vor dem Wahlakt sollten Alternativen ausgeschaltet werden.
190 Vgl. Gaebel, Käthe, die rechts- und landesgesetzlichen Grundlagen des Zusammenwirkens von Schule und Berufsberatung, in: Handbuch..., a.a.O., S. 39.

eine unverzichtbare Aufgabe dargestellt, die mit dem Fach Arbeitslehre den allgemein bildenden Schulen – besonders der Hauptschule – aufgegeben ist.[191]

Bis hierher waren die Betrachtungen der Maßnahmen, soweit sie von Schulen getragen werden sollten, auf niedere und mittlere Schulformen begrenzt. An die Gymnasien war ursprünglich hinsichtlich dieser Thematik nicht gedacht. Es gab jedoch den einen oder anderen Hinweis, dass die Gymnasien sich auch dieser Aufgabe stellen müssten.

Das Gymnasium, wie wir es heute kennen, dient nicht der Berufsbildung. Das kann man gerade in dem Vergleich mit den alten Hohen Schulen zeigen. Mit der neuhumanistischen Wendung[192] wurde das Gymnasium zur Vorbereitung auf die Studien an den Universitäten und Hochschulen.

> „In jeder Gymnasialpädagogik wurde versichert, dass sie den Bedürfnissen oder den Forderungen der Gegenwart gerecht werden wollte. Aber die Gegenwart stellt sich dem Betrachter unter den Ideen dar, die sie zur Deutung mitbringen."[193]

Wirtschaftliche Bedürfnisse der Zeit brachte man nicht mit den Gymnasien in Verbindung, sondern mit den Realschulen, den Bürger- und Gewerbeschulen, die aber „mit Bildung nichts zu tun hätten." Diesen elitären Einstufungen trat Schleiermacher entgegen, indem er darauf verwies, die Kenntnisse in den Bereichen der Natur und der Geschichte seien für das Verstehen der Gegenwart nützlich. Und Paulsen sah

> „die Gymnasialpädagogik oft durch allerlei luftige Begriffe soweit über den Boden der Wirklichkeit erhoben, dass sie die Bedürfnisse des wirklichen Menschen gar nicht mehr sah. Ja sie hat auf ihre Verachtung der Wirklichkeit eine eigene Theorie gemacht, ... es sei gemeiner Utilitarismus, in Fragen der Erziehung und des Unterrichts der Brauchbarkeit eine Stimme einzuräumen". Für ihn bedeutete „Kenntnisse haben" im Gegensatz dazu nur dann einen Wert, wenn ihre Brauchbarkeit gesichert sei. Diese Inhaber von Wissen würden klüger und weiser oder zur Erfüllung ihres Lebensberufes geschickter gemacht."[194]

Darf man sagen, diese Aufgabe in den Gymnasien sei auch heute noch nicht gelöst? Wie weit ist das Gymnasium noch heute dem Litauischen Schulplan verpflichtet: „Was das Bedürfnis des Lebens oder eines einzelnen seiner Gewerbe erheischt, muss abgesondert und nach vollendetem allgemeinen Unterricht erworben werden. Wird beides vermischt, so wird die Bildung unrein und man er-

---

191   Hier sind die Ausführungen im Kapitel über den Deutschen Ausschuss für das Erziehungs- und Bildungswesen zu beachten.
192   Vgl. Blättner, Fritz (1960), Das Gymnasium, Heidelberg, S. 67.
193   Ebenda, S. 212.
194   Paulsen, zit. ebenda, S. 217.

hält weder vollständige Menschen noch vollständige Bürger einzelner Klassen?"[195] Es ist eine rhetorische Frage. Das Gymnasium von heute entspricht nicht mehr diesem Typ. Doch ist es schon darauf gerichtet, auf die Berufswahl vorzubereiten? Empirische Belege dafür fehlen noch. Es wäre schon etwas gewonnen, wenn die universitären Studien als Berufsausbildung gesehen und gewertet würden.

Wenigstens eine kurze Erwähnung verdient ein Schultyp in einer Teilfunktion: Die Handelsschule alter Prägung. Der Besuch dieser Schule förderte die Berufswahl allgemein in die Richtung kaufmännischer Berufe. Das wurde sichtbar an der Einrichtung von Betriebspraktika wie in allgemein bildenden Schulen. Diese Funktion der Berufsorientierung innerhalb des Systems der beruflichen Bildung blieb singulär.[196]

Deutscher Ausschuss: Einführung in die Berufsberatung und die Berufsorientierung

Die berufliche Vorbereitung und die Berufsausbildung sind nach Abel, einer der wesentlichen Begründer der Arbeitslehre im Rahmenplan des Deutschen Ausschusses, in einen beruflichen Bildungsweg zu integrieren. Die Reife für die Ausbildung könne in einem Ausbildungsberuf durch eine pädagogisch sinnvoll angelegte Vorbereitung auf die Arbeitswelt erreicht werden. Die allgemeinen Fächer in den Berufsschulen sollen gefördert werden ohne dass eine Festlegung auf ein Berufsfeld erfolgt.[197] Abel wollte eine zielgerichtete Auswahl Jugendlicher für bestimmte Berufe oder Berufsgruppen und den Beginn der beruflichen Ausbildung.

Aus diesen hervorgehobenen Äußerungen werden letztlich alle Bemühungen darauf gerichtet, schrittweise, von allgemeinen Informationen und Kenntnisvermittlungen ausgehend hin zu einer Berufswahl zu führen, die den einen entscheidenden Beruf vermittelt.

Es ist dem Gutachten des Deutschen Ausschusses über die Einrichtung der Hauptschule und darin des Faches Arbeitslehre zu danken, dass ausdrücklich gewünscht wurde, dass eine Berufsorientierung oder eine Vorbereitung auf die Berufswelt nicht allein durch unterrichtliche Angebote an die Schüler gelöst

---

195 Humboldt von, Wilhelm, Litauischer Schulplan.

196 Vgl. Beinke, Lothar (1971), Die Handelsschule, Düsseldorf.

197 Abel, Heinrich (1968), Beruf und Berufsweg in der Diskussion, in: Stratmann, Karlwilhelm (Hg.), Ausgewählte Aufsätze, Vorwort von Hans-Hermann Groothoff, Braunschweig, S. 11.

werden soll. Durch die ausdrückliche Forderung nach Einrichtung von Betriebserkundungen und Betriebspraktika sollten – in einer gewissen Anlehnung an
heimatkundliche Programme in der Elementarschule – die Schüler aus der Schule heraus in die Realität geführt werden, und das nicht nur in erdkundlicher
(heimatkundlicher) und biologischer Unterrichtsergänzung.

Wer war nun dieser Deutsche Ausschuss für das Erziehungs- und Bildungswesen?

Der Deutsche Ausschuss für das Erziehungs- und Bildungswesen begann seine
Arbeit im September 1953 und beendete sie 1965. Er sollte die Entwicklung des
deutschen Erziehungs- und Bildungswesens durch Rat und Empfehlung fördern.

Er forderte die Verlängerung der allgemeinen Schulpflicht auf neun Jahre in
allen Bundesländern. 1959 veröffentlichte er den „Rahmenplan zur Umgestal-
tung und Vereinheitlichung des allgemeinen öffentlichen Schulwesens". Nach
vierjähriger Grundschule sollte die Selektion für das dreigliedrige Schulsystem
erfolgen. Der Rahmenplan führte für die neue Hauptschule als weiterführende
Schule das Fach Arbeitslehre ein. U.a. mit Betriebserkundungen und -praktika
war die Anbahnung der Berufswahlreife eine ihrer wegweisenden Aufgaben.

Mit den Betriebspraktika betrat der Deutsche Ausschuss hinsichtlich seiner
Intention, die Schule und damit den pädagogische Raum zu verlassen und an
entsprechendem Lernorten auch Tätigkeiten der betroffenen Schüler zu fordern,
Neuland. Das war auch dadurch schwierig, weil der Deutsche Ausschuss mit
dieser Einführung in den Beruf ein allgemeiner Erziehungsvorgang, der der ganzen Schule aufgegeben sei, verbunden sein sollte. Darin sei das Praktikum als
Teil des Unterrichts zu integrieren.

Bei den beiden Möglichkeiten, Praxiseinflüsse für die Gestaltung des Systems der Berufsorientierung zuzulassen oder geradezu zu fordern, sieht sich die
Schule noch immer vor gravierende Probleme gestellt:

Eines dieser Probleme – so sollte sich zeigen – lag in der Notwendigkeit, die
Lehrerausbildung zu verändern. Zunächst standen diese Lehrer nicht oder kaum
zur Verfügung. Eine gewisse Rekrutierung konnte aus den Lehrkräften der
Hauswirtschaft und des Werkens (auch des künstlerischen Werkens) erfolgen.
Diese Lösung erwies sich bei der weiteren Einführung der eigentlichen Zielset-
zung dieser Neuorientierung der Schule als besonders problematisch, denn eine
Lehrerausbildung mit Referendariat (am Anfang war der Andrang für diese
Ausbildung keineswegs dynamisch) dauerte mindestens bis zur vollen Einsatzfähigkeit der neuen Lehrer fünf Jahre. Eine Lehrerfortbildung für das neue Fach
konnte auch deshalb nicht die Lücke füllen, weil die Basis für das Verständnis

von Wirtschaft, Technik und Ökologie (in Hessen) nicht durch pädagogische Qualifizierung gesichert war.

Neben den Problemen der Lehrerbildung blieb auch die Frage nach der Zuordnung zu einer oder mehreren Schulformen problematisch. Es entschied sich über deren Lösung, ob die Arbeitslehre als allgemein akzeptiertes Schulfach etabliert werden konnte. Die Diskussion über Berufsorientierung führte aber beschränkend auf die Volksschule. Aber der Ausschuss wollte von der volkstümlichen Bildung abrücken hin zu einer stärkeren didaktischen Ausrichtung auf die zukünftigen Anforderungen der Berufsarbeit.

Die Beschränkung auf die Hauptschule wurde inzwischen aufgehoben. Die Gesamtschulen sind involviert und die Realschulen weitestgehend eingeordnet, soweit es die Berufsorientierung i.e.S. betrifft. Die Bemühungen um die Gymnasien sind angelaufen, bewegen sich aber in einem zähen Fluss. Auf deren Gründe kann hier nicht eingegangen werden.

Ein anderer Jahrgangsbereich – die Primarstufen und der 6. Jahrgang – wurde hin und wieder angesprochen, aber bisher kaum ernsthaft als eine Stufe akzeptiert, auf der Berufsorientierung einsetzen könnte. Eine empirische Studie versucht jetzt darüber Auskunft zu geben, ob es zumindest ein Forschungsbereich sein könnte, der weitere Aufschlüsse über einen begründbaren Beginn der Berufsorientierung geben könnte.

Die Studie von Moll u.a.[198] beschäftigt sich in qualitativen Interviews mit dem Gesellschaftsverständnis von Schulkindern. Sie umfasst die Klassen 2, 4 und 6. Eines der abgefragten Schülerprobleme bezieht sich auf die Berufswelt. Darin mussten vorgegebene Berufe in eine Rangreihe gebracht werden. Es wurden die Berufswünsche und die Chanceneinschätzung abgefragt, sowohl Jungen als auch Mädchen in gleich großen Gruppen.[199]

Das Ergebnis, knapp zusammengefasst, ergibt, dass bereits die Zweitklässler rudimentäre, umrisshafte Vorstellungen von der Berufswelt, in der sie leben, haben. Auch die frühe Orientierung – obwohl in der Schule nicht thematisiert – auf spätere Tätigkeiten waren festzustellen. Darin wäre ein Ansatz zu entdecken, dass

---

198 Moll, Andrea (2001), Was Kinder denken, Schwalbach/Ts.

199 Diese Studie wird hier vorgetragen, weil mit ihr die Befassung im Rahmen der Berufsorientierung über den bisherigen Bezug zu den Abschlussklassen hinausgeht. Eine Entwicklung, die – wie die Erweiterung auf die besonderen Schwierigkeiten Behinderter – erst jetzt in die didaktischen Überlegungen einbezogen wird.

- eine unterrichtliche Behandlung des Themas zu positiven Ergebnissen führen könnte;
- die Berufsorientierung allerdings auch ohne Schule von einer Substanz lebt, die die Relevanz des Themas in der Öffentlichkeit beweist.

Über die Viertklässler weiter zum sechsten Schuljahr wurden alle Vorstellungen konkreter und auf die eigene Person bezogen. D.h., dass bereits Kinder dem Thema nahe stehen und eine Meinungsbildung über Berufe – auch die eigenen zukünftigen – beginnt.

Wenn für Kinder bereits ab dem 6./7. Lebensjahr das Thema virulent ist, sollte es möglich sein, eine Kontinuität in der Schule für dieses Thema zu finden, ohne es früh in unterrichtliche Bindungen zu bringen, zumal die Kinder den Bezug Leistung zu Beruf durchaus sehen.

Sie kommen zu einem Ranking der Berufe, das sich kaum von demjenigen in der Gesellschaft unterscheidet.[200] Allerdings waren die zu ordnenden Berufe von der Interviewerin vorgegeben. Im Vergleich der Interviewgruppen untereinander konnte eine Entwicklung derart festgestellt werden, dass besonders die Schülerinnen und Schüler des 6. Schuljahres klarere Begründungen für ihre Entscheidung nennen konnten und auch ihre individuellen Wünsche präziser formuliert waren. Eine weitergehende, themenbezogene Forschung dürfte nach diesen Befunden lohnend sein.

Die Arbeiten von Heilmann, Blankertz, Klafki, Stratmann und Kaiser[201] mit ihren didaktischen Entwürfen einer Berufswahlvorbereitung haben ein Aufgabenfeld der Arbeitslehre konstituiert und eine Arbeitslehre als vorberufliche Bildung mit begründet.[202] Dem folgte der Deutsche Bildungsrat 1970 mit der Forderung, dass die Lernenden eine Berufswahl treffen können müssen.

Das Gutachten von Dibbern/Kaiser/Kell[203] sieht in dem Modell und auch in den Arbeiten von Büchner u.a. (1979) einen maßgeblichen Anteil an der unter-

---

200 Vgl. ebenda, S. 236.
201 Zit. bei Dedering (2002) Entwicklung der schulischen Berufsorientierung in der Bundesrepublik Deutschland, in: Schudy: Berufsorientierung in der Schule, Bad Heilbrunn.
202 Überblicke bei Dauenhauer, Erich (1974), Einführung in die Arbeitslehre, Pullach, – ders. (1977) Arbeitslehre – eine didaktische Handreichung, Mainz – Hendricks, Wilfried (1978), Arbeitslehre in der Bundesrepublik Deutschland, Ravensburg – ders. / Reuel, Günter / Ziehfuß, Horst (1984) Arbeitslehre – Stand der Entwicklung aus Lehrersicht, Braunschweig.
203 Vgl. Dibbern, Harald / Kaiser, Franz-Josef / Kell, Adolf (1974) Gutachten zur Entwicklung eines Curriculums „Berufswahlunterricht".

richtspraktischen Wende in der Arbeitslehre-Entwicklung in der zweiten Hälfte der 1970er Jahre.

Die wichtigsten neuen theoretischen Ansätze der 80er Jahre zur Entwicklung eines entsprechenden Berufsorientierungssystems[204] sind

1. der der Berufsvorbildung von Dibbern 1982 und Dibbern 1993,
2. ein Lernortverbund mit Betriebspraktika als fächerübergreifendes Projekt von Feldhoff u.a. 1985
3. und das Modell der integrativen Berufswahlvorbereitung (Beinke 1987).

Die als 3. genannte Theorie erfuhr eine Weiterentwicklung besonders in dem integrativen Berufswahlunterricht, der in Modellversuchen in Hessen, Thüringen und Sachsen (1985 – 1995) durchgeführt wurde.[205] Trotz ihrer Bedeutung fanden die drei Modelle kaum Eingang in Lehrpläne[206]. D.h., dass alle bisherigen Versuche letztlich an den Implementierungschancen gescheitert sind oder behindert wurden, dass die Bildungspolitik und die Bildungsverwaltungen sich der Realisierung weitestgehend verschlossen.[207] Zusätzlich gab es dann noch politisch inspirierte Ideen und Lehrpläne für das neue Fach, die als oberstes Ziel die Veränderung der Gesellschaft qua Bildungsreform (und hier natürlich gemeint der Aufklärung über die ausbeuterische kapitalistische Wirtschaft) zum Ziel hat.

Es gab also bei den Praxiseinflüssen drei Unterscheidungsmerkmale oder kritische Punkte, die verschiedene Entwicklungen einforderten:

1. die konsequente Aufforderung, dass Schule zum Erlernen der Praxis
   – und hier gemeint der Arbeitspraxis – die Schule verlässt und z.T. ungesicherte und ungeschützte Eindrücke auf die Schüler zulässt;
2. die Differenzierung nach der Struktur, wie Praxiseinflüsse zugelassen werden sollen: in der Form der Betriebserkundung oder in der Form des Betriebspraktikums – in beiden Fällen mit zwar verschiedenen, aber doch nicht von der Pädagogik gestaltbaren Zielsetzungen;
3. Versuche, über politische Einflussnahmen das Fach als ein Instrument zur Gesellschaftsveränderung zu gestalten.

Die Intention, die Vermittlung von Kenntnissen und auch Erfahrungen mit der Praxis während bzw. neben der schulischen traditionellen Schülertätigkeit bzw. Schultätigkeit war vom Deutschen Ausschuss nicht ausformuliert aber angedeutet, wie die Hinführung zu den Berufen in der Arbeitswelt und zur Lösung der

---

204 Die Ansätze von Dedering, a.a.O., übernommen.
205 Vgl. Dedering, a.a.O.
206 Ebenda, S. 25.
207 Ebenda.

Berufswahlfragen Gestalt annehmen könnte. Diese Andeutungen waren keine geeignete Handreichung für den Unterricht zur Vorbereitung auf Praktika und auch nicht umsetzungsfähige Ansprüche für die Berufswahlhilfe.

Dietmar Kahsnitz hat als notwendige Verbindung für die Erkenntnismöglichkeiten die Kenntnisvermittlung ökonomischer Sachverhalte gefordert, denn Berufsorientierung sei nur durch „die Orientierung über die Berufs- und Wirtschaftswelt und die Berufswahlvorbereitung (zu erreichen. Das gelingt durch die Vermittlung – L.B.) grundlegender Kenntnisse in Ökonomie...(und) Berufs- und Wirtschaftssoziologie."[208]

Lernortkooperation – Schule und Betrieb

Eckert/Stratmann betonen[209], dass nach dem Konzept des Deutschen Ausschusses mit dem Aufbau des Faches Arbeitslehre die didaktische Folie geliefert wurde, die den Betriebspraktika erst seine Funktion zu geben vermochte. Die Arbeitslehre bindet das Praktikum unterrichtlich ein. Bleibe aber diese Einbindung aus, verliere das Praktikum seinen pädagogischen Sinn. Mit diesem Postulat der Einbindung des Praktikums in den Unterricht des Faches Arbeitslehre forderten sie eine Lernortkooperation zwischen Schule und Betrieb. Deshalb wehren sie sich dagegen, dass das Betriebspraktikum der Ort sei, Erfahrungen zu machen. Das hätte das Praktikum aus den unterrichtlichen Zusammenhängen herausgelöst. Vielmehr sollten die Schüler von der Schule für das Leben erhellende und strukturierende Einsichten erhalten[210], die erst dann den Praxisbezug erhalten, wenn in der Schule das Problembewusstsein geweckt und das Arbeitsleben auf Kategorien beziehbar sein soll, denn sonst könne sich allein durch die Konfrontation im Betrieb nur zu leicht Falsches als vermeintlich richtig darstellen und würde dann hingenommen. Die unterrichtliche Aufarbeitung und Aufbereitung des zu Erfahrenden wird damit zentral. Auf das Praktikum bezogen könne diese Aufarbeitung und Aufbereitung nicht geleistet werden, wenn nicht ein didaktisch übergreifendes Konzept vorhanden ist und verfolgt wird.

---

208 Dietmar Kahsnitz gibt außerdem eine gute Übersicht über die Entstehung der Arbeitslehre und ihre Problematik in den Intentionen ihrer Begründung und Einführung. S. Kahsnitz, Dietmar (1986), Funktion der Arbeitspraxis im Rahmen der Arbeitslehre, in: DBA, 1/1986, S. 12-23, und ders., Vorbereitung auf die Arbeitswelt immer noch mangelhaft, in: ebd., S. 24-32.
209 Eckert, Manfred / Stratmann, Karlwilhelm, a.a.O. S. 12.
210 Ebenda, S. 14.

Lernortkooperationen in das System Berufsorientierung zu integrieren, sie überhaupt als Möglichkeit z.B. zur Minimierung von Zugangsmöglichkeiten zu betrieblicher Realität zu erkennen, ist ein neuer Aspekt, der als inhärent zu dem Komplex Berufsorientierung auftritt. Da die Erkenntnis zu seiner Problematik in der Berufsausbildung im Dualen System zuerst diskutiert wurde, die Affinität der Berufsorientierung mit ihren Betriebspraktika aber offensichtlich ist, beginnen wir den Einstieg in diesen Komplex und der Darstellung der Lernortkooperation in der beruflichen Bildung.

Ist der Wunsch, die Betriebspraktika für die Berufsorientierung effektiver zu machen, aus der Problematik der Lernortkooperation lösbar, wie sie in der Berufsausbildung diskutiert wird? Dort hatten die Zweifel wirkliche Effektivität des dualen Lernens in der Berufsschule einerseits und in den Ausbildungsbetrieben andererseits zu erreichen, zu empirischen Prüfungen geführt. Diese ergaben keine beruhigenden Ergebnisse, da eine Abstimmung zwischen den Lernorten nur in geringem Maße festgestellt werden konnte. Sie blieben parallele Veranstaltungen, deren Ergebnisse keine didaktische Zusammenführung erkennen ließen. Eine Lernortkooperation ist nach Dieter Euler[211] ein Mittel zur effektiven Gestaltung von handlungs- und transferorientierten Lehr-/Lern-/Prozessen in Schule und Betrieb im Rahmen einer didaktischen Zielanbindung. Wenn die Ausbildungsinhalte an authentischen Praxisproblemen ausgerichtet sein sollen, bedeutet das insbesondere für die Berufsschule einen erhöhten Koordinationsbedarf, um den Praxisbezug über die Betriebe zu erschließen und zu sichern.[212]

Aber erst die skeptischen Urteile über die von der KMK geforderte Effizienzsteigerung der Dualen Berufsausbildung sorgten für Aufmerksamkeit, im Rahmen der Berufsorientierung auf das Kooperationsproblem zu achten. Die Inflationierung der Forderungen nach mehr Praxis für die Berufsorientierung und die schuleigenen Modelle an allgemein bildenden Schulen Kontakte mit Betrieben zu knüpfen, zwingen zu der Frage, was vermehrte Kontakte der Berufswähler zur Effizienzsteigerung der Findung des je geeigneten Berufes erbringen können.

Während die Inflationierung der Wünsche nach mehr „Praxiserfahrung" deshalb Sorgen macht, weil offenbar diese von den Kultusverwaltungen durch unreflektierte Erlassflut – nach dem Motto: Praxis ist gut, mehr Praxis ist besser – unterstützt wird, zeigen die Bemühungen in der Berufsbildung, wie gering selbst unser Wissen darüber ist, wie in der Realität der Dualen Ausbildung von

---

211 Euler, Dieter (2004) Lernortkooperation – eine unendliche Geschichte?, in: ders. (Hg.) Handbuch der Lernortkooperation Bd. 1, Bielefeld.
212 Vgl. Eckert, Manfred / Stratmann, Karlwilhelm , a.a.O., S. 20.

den beiden Seiten wirklich tatsächliche oder versuchte Kooperation erreicht wird und wie schwer es ist, die „Partner" zu Kooperationsformen zu bewegen. Die Sorgen, die sich die Berufs- und Wirtschaftspädagogen heute machen und die Skepsis, die sie aus ihren Forschungsergebnissen ableiten, sollten die allgemein bildenden Schulen mit ihrem Ziel der Vermittlung der Berufswahlreife über Kontakte mit der praktischen Arbeit zumindest auch zur Kenntnis nehmen. Weil also die Erkenntnisse über die tatsächliche Kooperation und über deren Effizienz keine Basis für naive Fortzeugung des Bedarfs an praktischer Tätigkeit zur Berufsorientierung abgeben, hatten wir die Ergebnisse der berufs-/wirtschaftspädagogischen Forschung zur Lernortkooperation kurz referiert, denn welche Schwierigkeiten in einer Kooperation der Lernorte auftreten können, ist in der Berufsorientierung noch weniger bekannt als in der Berufsausbildung.[213]

Die Ausgangsfrage für die Berufsorientierung stellt sich dann so: Ist für die Betriebspraktika, in denen gemeinsam mit dem Berufswahlunterricht in den Schulen eine persönliche Berufsorientierung effizienter möglich sein soll, eine Lernortbestimmung erforderlich? Wenn das zutrifft, bedeutet das, dass den allgemein bildenden Schulen zur Realisierung eines Kooperationsverhältnisses eine curriculare Abstimmung abverlangt werden müsste, mit der eine der Berufsbildung entsprechende Abstimmung zwischen Schule und betrieblicher Praxis erreicht werden kann.

Unter welchen Bedingungen ist der Betrieb als Lernort geeignet? Der Betrieb in der Berufsorientierung ist nicht in seiner Möglichkeit der Vermittlung von Lernerfolgen dem Betrieb in der Berufsausbildung gleich zu setzen. Schon seine zeitliche Einordnung scheint geringere Erfolge zu bewirken. Die Schüler im Rahmen der Berufsorientierung haben nur zeitlich eher begrenzte und meistens einmalige Kontakte zu Betrieben.[214] Zwar haben die betroffenen allgemein

---

213 Wegen der zu erwartenden Schwierigkeiten plädierte Zabeck – Zabeck, Jürgen (1974), Die kritische Phase der Berufsbildungsreform, nähere Bedeutung für die Revision des pädagogischen Selbstverständnisses von Betrieb und Schule, in: WuE, 12/1974 – eine pragmatische Lösung: Der bestehende Zustand soll beibehalten werden. Die Leistungen von beiden seien Parallelleistungen und nicht substituierbar. Es gelte, Spannungen zwischen Schule und Betrieb zu vermeiden. Vgl. Beinke, Lothar (1978), Diskussion ..., a.a.O., S. 6-8.

214 Wir verzichten hier auf die Einbeziehung von Praxistagen, die nach anfänglicher Einführung zunächst zu Gunsten der Blockpraktika eingestellt wurden. Denn über ihre Effizienz gab es erhebliche Zweifel. Jetzt wurden sie „wiederentdeckt" (angeregt durch die „Tage in der Produktion", wie sie im Rahmen des polytechnischen Unterrichts in der DDR zur sozialistischen Erziehung eingerichtet waren?). Sie erscheinen mir zur Berufserkundung wenig geeignet – vgl. Beinke, Lothar (2008), Helfen Praxistage bei der Berufsorientierung?, Frankfurt.

bildenden Schulen einen – nicht immer klaren – Auftrag zur Berufsorientierung. Der wäre analog zum Auftrag der berufsbildenden Schulen im Rahmen der Mitwirkung in der Berufsausbildung im Dualen System zu sehen. Evtl. ließen sich auch Lösungen finden, die an bereits erprobte Verfahren mit außerschulischen Lernorten der allgemein bildenden Schule angelehnt sein können. Daraus könnten affine Formen für die Zusammenarbeit abgeleitet werden, die adaptiert und in den Kanon der allgemein bildenden Schulen übernommen werden könnten. Betrachtet man die Exkursionen in der Geografie und in der Geschichte – auch in der Heimatkunde – dann findet man Parallelen. Diese Vergleiche zeigen aber auch den geringen Wert für die Formulierung einer gemeinsamen Didaktik der außerschulischen Lernorte für die allgemein bildenden Schulen: Kontakte, die bei den genannten Exempeln zur Praxis – zu Museen, Bauensembles, Landschaftsbegehungen – den Gegenstand der außerschulischen Lernorte anbieten, sind nahezu ausschließlich von der Schule didaktisch gestaltet.

Die Lernorte gestalten – von Ausnahmen in Museen abgesehen – den didaktischen Ansatz nicht mit, sie sind im wahrsten Sinne Objekte – Realobjekte, mit denen man sich an Ort und Stelle beschäftigt. In diesen Objekten werden keine sozialen Prozesse – wie sie in der Arbeit das Verhalten der Beteiligten mitbestimmen – begleitet, sie sind vielmehr Gegenstand einer Sachanalyse.

Will man für die Berufsorientierung die gleichen Ziele erreichen, die die KMK für die Berufsausbildung vorschlägt, muss man eine Adaption der in der Berufspädagogik geführten Lernortdiskussion herstellen. Lernortkooperationen in der beruflichen Bildung sind für eine analoge Betrachtung zur Berufsorientierung nur bedingt vergleichbar: Der Betrieb in der Berufsorientierung ist nicht – z.B. durch Gesetze – in das Gesamtbildungskonzept einbezogen.

Es besteht ein Konsens darüber, dass schulische Vorbereitungen auf die Betriebspraktika unerlässlich sind, sollen die Praktika ihre Wirkung auf die Schüler auch entfalten können. Ohne unterrichtliche Hinführung blieben die Praktika Instrumente einer Konfrontation mit spezifisch strukturierter Realität – eben der betrieblichen Wirklichkeit. Es darf aber nicht aus dem zeitlichen Nacheinander auf eine Abstimmung zur Effizienz geschlossen werden.

Warum nicht?

Beschränken sich die Vorbereitungen auf die Praktika auf Organisatorisches? Erweisen sich inhaltliche Darlegungen als nicht passgenau für die zu erwarteten Berufsabläufe? Man weiß es nicht. Es fehlt in der Berufsbildung an Abstimmungen zwischen den beiden Lernorten, die für eine kooperative Struktur erforderlich wären. Analog kann das auch für die Berufsorientierung gelten. Es bleibt aber notwendig zu bedenken, dass die Forderung nach Kooperation der Lernorte die Probleme nur mindern kann, die mit schulischen Kontakten in der Berufsorientierung zu den Betrieben entstehen. Es werden Abstimmungsschwierigkeiten bleiben, das zeigen die Analysen der Lernortkooperation in der Berufsbildung.

Berufswahlfreiheit[215]

„Noch vor etwa hundert Jahren hätte beispielsweise niemand den Jugendlichen die Freiheit der Berufswahl zugesprochen. Jugendliche erlernten die Berufe der Eltern, Lehrstellen wurden innerhalb eines sozialen Netzes vermittelt. Das Leben der Menschen richtete sich ausschließlich nach ihren sozialen Netzwerken, ihr Leben war vorgeschrieben, und nur sehr selten kam es aufgrund von Fähigkeiten und Interessen zu einem begrenzten Prozess von Auf- und Abstieg.[216] Es waren die persönlichen Verbindungen, auf die sie sich verlassen konnten und die ihnen eine Stellung innerhalb der Gesellschaft zuwiesen. Diese Stellung war verbunden mit einer der Gemeinnützigkeit unterstellten Aufgabe. Gerechtfertigt wurde dies mit Familie, Vaterland, Kirche und anderen moralischen Institutionen, die die Menschen bestimmend beeinflussten.

Heute sieht es zwar immer noch so aus, dass sich Berufe, soziale Schichten und tradiertes Verhalten weiterhin selbst reproduzieren, aber es zeigen sich deutlich Bereiche, in denen das bestimmende Umfeld verloren geht. Den Beruf der Eltern gibt es nicht mehr oder er hat keine Perspektive, eine Lehrstelle ist nicht mehr so leicht durch persönliche Verbindungen vermittelt, das soziale Umfeld ist weg gebrochen und wirtschaftliche Interessen überwiegen. Immer mehr junge Menschen stehen vor der Situation, selber nach Alternativen und Möglichkeiten suchen zu müssen. Das ist zwar einerseits ein Zwang, aber was sie jetzt in dieser Situation machen, darin sind sie innerhalb ihrer Möglichkeiten und ihres Wissens frei.“[217]

Es gab keine Freiheit der Berufswahl, denn sie war, wie von Stockmar dargestellt, eingeschränkt. Der Wähler war von Faktoren, die außer ihm lagen, eingeschränkt. Stockmar/Langer sehen das heute – wenn auch weniger drastisch – noch immer so. Das ist eine Folge davon, dass es allgemein keine Freiheit ohne Einschränkung gibt.

---

215 S. auch das Kapitel „Geschichte der Berufsberatung“.
216 Vgl. Stockmar, Gottfried / Langer, Tobias, Ohnmacht und Kraft individueller Freiheit, Homepage pdf.
217 Vgl. ebenda, S.1.

Das gilt auch für die in der „Allgemeinen Erklärung der Menschenrechte der Vereinten Nationen" vom 16.12.1948 – Art. 23, Abs. 1[218] deklarierte Recht auf Arbeit, auf freie Berufswahl und Schutz vor Arbeitslosigkeit. Die Arbeitslosigkeit ist – nach dem Titel des Buches von Friedrich/Wiedemeyer – ein Dauerproblem. Es ist in einer Marktwirtschaft nicht möglich, Arbeitslosigkeit vollständig abzubauen. Vollbeschäftigung ist ein Zustand, der um Arbeitslosigkeit einerseits und nicht besetzbare Arbeitsplätze andererseits oszilliert. Sie kann als einklagbares Recht nicht durchgesetzt werden[219] und ist deshalb auch nicht – selbst bei gesteigerten Versuchen z.b. durch Umverteilungen und Einlösen des Rechts durch Formen erzwungener Tätigkeiten – wie das Recht auf Berufswahl zu behandeln. Die Entwicklung der letzten Jahre zeigt, wie abhängig die Arbeitslosigkeit von politischen Entscheidungen (eher Fehlentscheidungen) und konjunkturellen Vorgängen ist. Drohende Arbeitslosigkeit oder bestehende Arbeitslosigkeit sind zwar Bedrohungen für die Wahl des Wunschberufes, ihnen kann man – und das geschieht auch in der Realität immer wieder – ausweichen und andere Entscheidungen – z.B. Wahl eines anderen Berufes oder anderer Ausbildung – treffen.

Man kann sagen, dass es keine absolute Freiheit gibt, denn diese Freiheit ist unmittelbar verknüpft mit Verantwortung. In besonderen Fällen kann jemand, der seine Freiheit missbraucht, auch die Verantwortung tragen müssen. Das Leben wird durch die gewonnene Freiheit gerade nicht einfacher.

> „Wir können also sagen, dass es im gewissen Sinne einen Zwang zur Freiheit gibt. Die Berufswahl ist nicht mehr vorgeschrieben, das soziale Umfeld hat seinen bestimmenden Charakter verloren, die Informationen stehen allen zur Verfügung. Die Menschen müssen sich in immer mehr Bereichen selber entscheiden und für diese Entscheidungen die Verantwortung übernehmen.[220]"

Ein System Berufsorientierung setzt voraus, dass den Menschen die Freiheit gegeben ist, die es nur in einer freien Wirtschaftsverfassung wie z.B. in der sozialen Marktwirtschaft gibt, nicht nur unter mehreren Berufen wählen zu können, sondern – idealerweise – auch seine Wünsche auf eine bestimmte berufliche Tätigkeit richten zu können. Dass die Garantie dieser Freiheit ein allgemeines Recht auf Arbeit einschlösse, wäre die Forderung einer Utopie, denn das hieße in der Konsequenz, dass ein Recht auf Arbeit die Pflicht zur Übernahme jeder angebotenen Tätigkeit bedeutet. Diese Freiheit schließt deshalb das Risiko ein,

---

218 Zit. nach Friedrich, Horst / Wiedemeyer, Michael (1998), Arbeitslosigkeit – ein Dauerproblem, 3. Aufl. Opladen.
219 Vgl. ebenda, S. 16, 17, 321.
220 Vgl. a.a.O.

temporär ohne Arbeit zu sein, aber es schließt die Chance ein, eine Tätigkeit in seinem Beruf suchen zu können.

Das Recht der freien Berufswahl

Die Berufswahlfreiheit in Deutschland nach der geltenden Fassung – im Grundgesetz für die Bundesrepublik Deutschland, Art. 12[221] verankert – gibt allen Deutschen das Recht auf die freie Wahl auch der „Ausbildungsstätte".

Die Berufswahlfreiheit, als verfassungsrechtlich gesichert, hat eine längere Geschichte, die zu referieren sich lohnt, weil damit der Wert des Rechtes gewürdigt werden kann.

Die Geschichte zur Gewinnung der Berufswahlfreiheit

An die Stelle der Berufszuweisung durch die ständische Ordnung nach göttlicher Gnade und Vorsehung trat die Vorstellung einer Berufsentscheidung nach natürlicher Harmonie und Begabung. Berufswahl stellt heute einen individuellen lebenslänglichen Prozess dar, der zu einer ersten Entscheidung für eine Berufsausbildung führt.

1848 wurde die Berufswahlfreiheit in der Verfassung des Deutschen Reichs verankert, sie ist heute im Artikel 12 des Grundgesetzes garantiert und durch subjektive und objektive Zulassungsvoraussetzungen beschränkt (Bundesverfassungsgericht im Apothekenurteil 1958). Insofern ist die Berufswahl nach Eignung und Neigung der Bewerber nur eine formal garantierte Freiheit. Der Begriff Berufswahl impliziert zwar Entscheidungsfreiheit, die aber durch die Berufsfindung im Rahmen der Realitäten und Bedingungen graduell relativiert wird.

Noch 1903 fordern die „pädagogischen Maßregeln im Interesse einer angemessenen Berufswahl", dass der „Zögling" von sich aus nachweisen müsse, ob seine Befähigung, d.h. seine Neigungen und „Gaben" für einen Beruf ausreichen.[222] Doch so weit, dass der „Zögling" allein entscheiden sollte, ging man mit der Freiheit nicht.

Lehrer und Erzieher sollten aufgrund ihrer Erfahrungen die Berufswahl möglichst beeinflussen und Wege zur Ergreifung des Berufes ebnen. „Haus und

---

221   Wir hatten auf das verbriefte Recht bereits im Kapitel über den Elterneinfluss hingewiesen.
222   Kieferstein, Horst, a.a.O.

Schule müssten besonders im Interesse glücklicher Berufswahl zusammenwirken."[223]

Es galt auch noch, dass zu einer richtigen Berufswahl die Berücksichtigung der Interessen von Gesellschaft, Volk und Staat gehören. Die Berufswahl soll nicht von den Aussichten auf äußere Annehmlichkeiten, von der Höhe der Einkünfte und von den zu eröffnenden Einschätzungen und Wertschätzungen und Ehren in der Gesellschaft abhängen, die von bestimmten Berufen ausgehen.

Heute ist die Zusammenarbeit zwischen Schulen und Berufsberatung im Sozialgesetzbuch III geregelt. Der heutige Artikel 12 Grundgesetz garantiert zwar die Freiheit der Berufswahl und -ausübung, ist aber nicht völlig von Regelungen frei. Freiheit kann durch Gesetz oder aufgrund eines Gesetzes eingeschränkt werden. Das Bundesverfassungsgericht hat hierbei drei verschiedene Stufen unterteilt. Die zweite Stufe der freien Berufswahl klärt die subjektiven Voraussetzungen. Diese Eingriffe können gerechtfertigt sein, wenn eine bestimmte Leistung nachgewiesen werden muss.

In der dritten Stufe werden Einschränkungen der freien Berufswahl durch objektive Zulassungsvoraussetzungen geregelt. Von Bedeutung sind die beeinflussbaren Einschränkungen. Die Voraussetzung einer bestandenen Prüfung gehört z.B. dazu.

Die Einschränkungen werden auch Eingriffe in die Berufswahlfreiheit genannt. Bei den Eingriffen unterscheidet man nach der Intensität der Eingriffe und unterteilt nach subjektiven und objektiven Voraussetzungen. Objektive Berufswahlregeln liegen vor, wenn die Berufswahl an Voraussetzungen geknüpft wird, die vom Einzelnen unabhängig sind und von diesem nicht beeinflusst werden können. Subjektive Berufswahlregeln sind solche, deren Erfüllbarkeit vom Einzelnen abhängt, z.B. die Notwendigkeit eines Studiums für die Berufszulassung oder Altersgrenzen.

Zusammenfassung und Gefahr des Ausbildungsabbruchs

Man könnte einwenden, dass die Ausbreitung des gesamten Spektrums der Informationsmöglichkeiten für die Berufsorientierung, statt klarere Entscheidungen möglich zu machen, zu einer Desinformation der Ratsuchenden führen könnte. Damit wären die Chancen minimiert, konzentriert die Sicherheit der Wahl für den bestgeeigneten Beruf zu erhöhen. Es wäre ein Missverständnis, die Darstellung aller für ein Berufsorientierungssystem zur Verfügung stehenden Informationen ohne eine Strukturierung als Gesamtangebot zu konzipieren. Zur

---

223 S. 562, Sp. 2.

Berufswahlsicherheit trüge ein solches Gemischtwarenangebot kaum bei. Es ging uns vielmehr darum, dass aus dem Informationspool – aus dem System der möglichen Informationen – für die individuellen Wünsche eine Auswahl- und Einsatzmöglichkeit nach Bedarf entsteht. Dann können auch diejenigen Alternativen entdeckt werden, die bei einer Konzentration auf nur traditionelle und durch Institutionalisierung etablierte, leicht zugängliche Angebote übergangen würden. Bieten Praktika, Berufsberater, BIZ-Besuche und die Schule Urteile über die persönliche Eignung an? Aus Berufsbiografien von Experten und Paten wissen wir, dass es Tätigkeiten im Wunschberuf gibt, die sich an der Praxis reiben, d.h. den Wunschvorstellungen konträr erscheinen. Dagegen tauchen Aspekte anderer Berufe auf, die sich als Einstiege für Aufstiegschancen erkennen lassen und damit an Attraktivität gewinnen. Die positiv besetzten Praktika lösen nicht ein, was junge Menschen von ihnen erwarten. Die Anschauung der Praxis wird nicht in einer übergeordneten Reflexionssphäre erfahren, sondern in der tatsächlichen Mitwirkung im Betrieb. Schuld daran sind die bisher nicht gelösten Erfordernisse der Lernortkooperation mit der Schule. Die Diskussion darüber haben wir im Kapitel „Lernortkooperation" geführt.

Das „System" stellt Möglichkeiten zur Verfügung und bietet lösungsfähige derart an, dass sich die Eignung – in vorsichtiger Annäherung an Scharmann – in nicht seltenen Fällen erst in der Tätigkeit selber erschließt und entwickelt und dann einen Entschluss reifen lässt. Das kann durch die Systemstruktur, d.h. durch die verschiedenen unterschiedlich zu gewichtenden und unterschiedlich wirkenden Ansichten, das Bewusstsein der Berufswähler in diesem Sinne verändern und bestärken.

Das gegenwärtig grassierende Problem trotz teilweise umfangreicher Bemühungen sogar einzelner Schulen kann bisher nachhaltige Erfolge noch nicht vorweisen. Obwohl das Problem erkannt ist, ist zu erwägen, die gegenwärtige Form des Berufsorientierungsprozesses und der Verbindung dazu von Schulen, Arbeitsverwaltungen, Betrieben und Eltern kritisch zu hinterfragen. Die Versuche sind z.T. zwar strukturiert, systematisiert und didaktisch vorbereitet, kommen aber über ihre Singularität nicht hinaus.

Offenbar ist die bisherige Kritik an der Berufsausbildung nur eindimensional auf den Prozess vom Eintritt in die Ausbildung bis zu deren Abschluss ausgerichtet und vernachlässigt die Probleme des Übergangs und der Vorbereitung auf den Übergang. Wäre künftig nicht auch die Berufsorientierung einzubeziehen, wenn es darum geht, die Analyse für die Gründe vom Scheitern vieler Auszubildender exakt auszulegen? Denn eine Berufswahl muss Spielräume für spätere Entscheidungen lassen und die Veränderung zu einer neuen Berufswahl keineswegs als Scheitern interpretieren lassen. Wenn schon die gegenwärtige Berufs- und Arbeitswelt derart unübersichtlich ist, dass ihre Überschaubarkeit kaum für Experten gegeben ist (wie diese ja selbst immer wieder betonen), dann darf ein begründeter, weitergeführter, verantwortlicher Suchprozess nicht als systemwidrig diskreditiert werden.

Erkenntnis aus neuer Forschung

Die Diskrepanz von Zielsetzung und Zielerreichung in der Berufswahlhilfe muss dazu führen, alle systematischen, curricular eingepassten oder durch emotionale Stützung angebotenen Hilfen der Beratungsagenten einer Kritik zu unterziehen wenn Misserfolge in der Berufsausbildung durch falsche Berufswahlhilfe begründet sind. Das gilt besonders für die übersteigerten Ansätze, die ihre Hoffnung in die Wirkung von praktischen Tätigkeiten und in den Betrieben absolvierter Praktika ableiten. Für die Berater bedeutet das, dass sie überlegen müssten, ob es richtig ist, die bisherige Zentrierung auf den einen als richtig identifizierten Wunschberuf beizubehalten. In die bisher praktizierte Berufsorientierung müssten Elemente der weiteren Wunschberufsuche aufgenommen werden. Die damit erreichbare Erweiterung des Berufsspektrums kann dann von einer Mehrheit möglicher, Erfolg versprechender Ausbildungschancen ausgehen. Eine größere Plastizität der chancenreichen Berufsmöglichkeiten entspräche nicht nur den empirisch zu findenden Berufskarrieren vieler Berufstätiger, sie entspräche auch den als notwendig erkannten Prozessen des lebenslangen Lernens, das ja gerade auch charakterisiert ist, dass es berufliche Veränderungen einschließt. Lernen bis über die jetzt geltenden Altersgrenzen hinaus wird damit aus dem Stand des Besonderen herausgehoben. Das gilt auch für die Veränderungen, die sich in der Ausbildungszeit einfordern.

Flexibles Verhalten in der Berufswahl, in der Berufsausbildung und in den Berufsverläufen des Arbeitslebens und danach sind keine Indizien für Schwäche, für Versagen, für ein Scheitern. Sie sind vielmehr Ausdruck einer Flexibilität und Mobilität, die den Erfordernissen unserer Arbeitswelt eher gerecht werden als die Ausübung eines Berufes ein ganzes Arbeitsleben lang.

Gefahr bei Vernachlässigung einer Lösung: Ausbildungsabbruch

Falsche Berufswahl ist vermutlich eine Ursache für das Scheitern im Beruf durch Ausbildungsabbruch.

Bei Nichterreichen des Berufswunsches – einer verfehlten Berufswahl – besteht demnach die Gefahr des Scheiterns in der Berufsausbildung durch Abbruch (Lösung des Ausbildungsvertrages), denn Berufswünsche werden in diesem Falle in geringerem Maße als erwartet erfüllt.[224] Erste Hinweise dazu s. in „Berufsvorbereitung und Berufseinstieg".[225]

Eine verfehlte Berufswahl kann und sollte dazu dienen, dass sowohl den jungen Menschen als auch den Betrieben für die Zukunft geraten wird, sich der Berufswahlprobleme früher anzunehmen. In den hier vorkommenden Fällen ist eine Aufklärung über die beruflichen Karrieremöglichkeiten und künftigen Arbeitsplatzwahlen des nun angesteuerten Berufsabschlusses und Wechsels nach der Ausbildung möglich. Darin liegt ein großer Vorteil vor den Risiken eines Abbruchs.

Ein Indiz für das potentielle Scheitern darf das Verfehlen des Wunschberufes bei den Bewerbungen sein. In zahlreichen Fällen muss dieses Dilemma konstatiert werden. Im zweiten Schritt könnte damit der Prozess des Scheiterns vor Antritt oder während der Ausbildung liegen. In zahlreichen Statistiken treten trotz der großen Bemühungen um eine gesicherte Erkenntnis über den geeigneten Beruf hohe Abbrecherquoten auf und es ist keineswegs eine Randerscheinung. Die Abbrecherquote sei als Folge einer mangelnden Berufswahl zu sehen – so Pätzold.[226] Anders sei der Ausbildungsabbruch auf eine falsche Berufswahl gegründet.[227] In wieder anderer Ursachenzuschreibung ist es der Bruch zwischen Selbstkonzept des Jugendlichen und dem Bild, das er sich von einem Beruf macht, der zum Abbruch führen kann.[228] Und noch einmal Weiß,[229] der berichtet, dass mangelndes Interesse am Ausbildungsberuf ein qualitativ hohes Gewicht auf Vertragsauflösungen habe. Alle Befunde weisen auf große Gefahren hin, die für die betroffenen Jugendlichen durch Ausbildungsabbrüche entstehen. So auch die Studie des BIBB zu diesem Thema[230] und das Ergebnis aus Baden-Württemberg vom BIBB. Danach sei jeder sechste Auszubildende in Gefahr,

---

224 Bohlinger sah ein Forschungsdefizit im Bereich der Berufsorientierung (Bohlinger, Sandra (2002), Ausbildungsabbruch. Forschungsstand eines bildungspolitischen Problemfelds, in: Bohlinger, S. / Jenewein, K., Ausbildungsabbrecher – Verlierer der Wissensgesellschaft?, Bielefeld. Darin sah sie Gründe für Ausbildungsversagen. Bohlinger hat in ihrer Arbeit: Ausbildungsabbruch im Handwerk diese Ergebnisse nach ihrer Interpretation nicht bestätigt gefunden.

225 Vgl. Beinke, Lothar (2009), Berufsvorbereitung und Berufseinstieg, a.a.O.

226 Vgl. Pätzold, Günter (2008), Übergang Schule – Berufsausbildung, 2. Aufl., Wiesbaden, S. 595.

227 Vgl. Weiß, Reinhold (1982), Abbruch der Berufsausbildung, Köln, S. 11.

228 Vgl. Hecker, Ursula, Ausbildungsabbruch als Problemlösung?, in: sowi-online.

229 Vgl. Weiß, a.a.O., S. 140.

230 Vgl. Beicht, Ursula / Friedrich, Michael / Ulrich, Joachim Gerd (2008), Ausbildungschance und Verbleib von Schulabsolventen in Zeiten eines angespannten Lehrstellenmarktes, BiBB (Hg.), Bonn, S. 261.

den Ausbildungsvertrag deswegen zu lösen, weil sein Einstiegsberuf nicht sein Wunschberuf sein konnte.

Könnte man nachweisen, dass bei der Berufswahl der oder die Betreffende keinen Abschluss erreichen konnte, weil es keinen erreichbaren Ausbildungsplatz gab, könnte man auf einen Zusammenhang schließen. Das ist empirisch schwierig zu erfassen, weil man aus dem genannten Zusammenhang noch keine Ursache für das Scheitern ableiten könnte. Ein Annäherungsversuch, bei dem man auf die Gefahr eines Scheiterns schließen könnte, wäre eine Gegenüberstellung der Wunschberufe mit den tatsächlich erreichten Berufen.[231]

Wenn 28,6% aller befragten Schülerinnen und Schüler eindeutig und klar in einer gezielt für diesen Beitrag durchgeführten Erhebung auf die Frage nach den Gründen antworteten, sie hätten den gewünschten höherrangigen Berufswunsch wegen nicht ausreichender Voraussetzungen nicht erreichen können, dann wird die Gefahr einer Fehlorientierung in der Berufswahl sehr deutlich. Dann nämlich kommt dabei heraus, dass zwar 48 Bewerber den Wunsch hatten, Bürokaufmann/-frau zu erlernen, aber nur 30 ihn erreichen konnten Und 24 Schüler wollten Groß- und Außenhandelskaufmann werden, aber nur 8 bekamen einen entsprechenden Ausbildungsplatz, und Fachangestellte für Bürokommunikation wurden 42 Auszubildende und nur 16 strebten ihn an. Die Zahlen entsprechen der Rangliste von Wunschberufen: Jeder dritte Bewerber erreichte wirklich seinen Wunschberuf, 27,9% hatten ihren jetzigen Ausbildungsberuf erst an dritter oder fernerer Stelle gelistet. So sieht keine erfolgreiche Berufsorientierung aus! Es besteht dabei ein Zusammenhang mit den Testmöglichkeiten des Berufswunsches im Praktikum. 34,4% lernen jetzt den Beruf, den sie im Praktikum testen konnten, aber 40,9% konnten ein Praktikum im Wunschberuf absolvieren und dann einen Ausbildungsplatz aber nicht erreichen. Der Anteil der positiv bewerteten Lehrerrolle liegt bei nur 11,0%, die der Eltern bei 37,6% und die des Internet bei 49,6%. Die Agentur für Arbeit wird zwar relativ oft genannt (33,2%), ihre Wirkung wird aber weniger positiv eingeschätzt. Nach diesen Befunden werden die Arbeitsagenturen zwar frequentiert, ihre Wirkung lässt aber Skepsis erkennen.

---

231 Bohlinger hat darauf hingewiesen, dass eine direkte Ableitung aus dem Nichterreichen der Berufswünsche zu Gunsten eines anderen Berufes nicht als Gefahr für späteres Scheitern – den Ausbildungsabbruch – interpretiert werden könnte. Das ist insofern richtig, als das als Beweis nicht gelten kann. Aber ebenso wenig kann als Beweis das Gegenteil gelten, wenn ein Zusammenhang nicht als ursächlich identifiziert, sondern nur nach der Wahrscheinlichkeitsannahme geliefert wurde.

Obwohl 44,1% der Jugendlichen ihren Berufswunsch nicht erfüllen konnten,[232] hatten nur 24,9% vom Berufsberater Hinweise auf andere Berufe erhalten. D.h. nahezu die Hälfte derjenigen, die keine oder nur geringe Aussichten auf die Realisierung ihre Wunschberufes hatten, erhielten gezielte Hilfe vom Berufsberater, Alternativen zu ihrem Wunsch zu prüfen. Während die Wünsche der Schüler, ihre Informationslücken zu schließen, zu 35,8% von der Berufsberatung erwartet wird, wünschen sich 71,7% Hilfen durch die Schulen (wieder ein Indiz für die Schwäche der Schulen in Fragen der Berufsorientierung) und 101,8%[233] von Kontakten zur Praxis.[234] Die Diskrepanz zeigt sich bei einem Blick auf die Informationsagenten: Das Ergebnis zeigt Strukturen, die von Zufällen geprägt erscheinen.

Da ein Ausbildungsabbruch sich überwiegend in Situationen vollzieht, die derart als problemgeladen von den Betroffenen empfunden werden, dass nur eine Lösung der eingegangenen Bindungen aus der prekären Lage führen könne, sind diese Probleme zu untersuchen. Diese Probleme sind entweder bereits vor Abschluss des Vertrages entstanden und wurden nur – oft auch als Hoffnung – überdeckt, verdrängt. Die Betroffenen versuchten sich zu trösten: es werde schon nicht so schlimm kommen, man werde es schon schaffen. Die Möglichkeit, dass die Ursache der Probleme in der betrieblichen Ausbildung zu suchen ist, berührt einen anderen Zusammenhang, der in unserer Studie nicht untersucht wurde. Hinweise darauf werden in dem Forschungsprojekt Berufsvorbereitung und Berufseinstieg gegeben.[235]

Es gilt, das Problem des Ausbildungsabbruchs an der Stelle zu untersuchen, an der vermutet wird, dass die Schwierigkeiten bereits vor Abschluss des Ausbildungsvertrages entstanden sind und nur – oft auch als Hoffnung durch nicht ausreichende Kenntnisse über den Prozessverlauf – überdeckt waren. Solche Versäumnisse verhindern eine rechtzeitige Lösung, sie wurde verschoben. Gibt es in dieser Lage ein Zurück zum Wunschberuf, sollte man diesen Weg erwägen? Durch die Geschichte der richtigen Berufswahl in Verbindung mit einer verantwortungsvollen Berufswahl und Berufswahlhilfe durch Eltern, Lehrern (Stratmann) der allgemein bildenden Schule und „Berufsberatern" wurde immer wieder betont, dass es darauf ankomme, eine grundsätzlich fachlich bestimmte Analyse über die Fähigkeiten der Berufswähler und den Ansprüchen der Berufsinhalte zu finden. Noch heute werden Prozesse der Berufswahl nicht nur nach

---

232 Vgl. Beinke, Lothar (2011), Berufswahlschwierigkeiten ..., a.a.O., S. 65.
233 Bei Mehrfachnennungen zu mehreren Items.
234 Die kumulierten Prozentangaben sind Additionen aus Mehrfachnennungen. Das erscheint zwar aussagefähig, ist aber streng statistisch nicht zulässig.
235 Vgl. Beinke, Lothar (2011), Berufswahlschwierigkeiten ..., a.a.O.

ähnlicher Grundstruktur gestaltet, vielmehr auch mit den gleichen Argumenten sowohl der Unübersichtlichkeit der Berufswelt als auch mit der immer noch existenten Kluft zwischen Schule und Ausbildung begründet. Es wäre aus all diesen Gründen nicht zu rechtfertigen, diese Schwierigkeiten zu ignorieren bzw. sie für irrelevant zu erklären.[236]

Ausbildungsabbrüche waren auch früheren Generationen von Auszubildenden (Lehrlingen) bekannt. Sie wurden auch s.z. im Zusammenhang mit einer verfehlten Berufswahl gesehen, zu der den Jugendlichen die für eine erfolgreiche Wahl notwendigen Informationen nicht ausreichend zur Verfügung standen. Mit der Einführung der Arbeitslehre und damit der Berufswahlvorbereitung sollten wesentliche Impulse zur Verbesserung von Betriebspraktika ausgehen.

Im Praktikum sind sowohl die Betriebsstruktur als auch die Arbeitsbedingungen und Schwierigkeiten, die die Durchführung der erforderlichen Arbeiten fordern, Gegenstand der Erfahrungen aus diesem Lernort. Hat der Praktikant die Kenntnisse nicht erworben oder die Erfahrungen nicht gemacht, hat das Praktikum ein Teilziel verfehlt.

Die Ausbildungsvertragslösungen werden seit mehreren Jahren untersucht[237], bei den bisherigen Untersuchungen hatten die Forschungen überwiegend danach gefragt, wieweit betriebliche Gründe die Auszubildenden zu einer Vertragslösung brachten.

Bisher wurde die Abbrecherforschung überwiegend auf den Zeitbereich der Ausbildungsdauer bezogen und Ausbildungsabbruch nach dem BBIG als Auflösung des Ausbildungsvertrages interpretiert. Die Einflüsse aber, die zu Konflikten während der Berufswahl entstanden, blieben vernachlässigt. Der Prozess der Berufsfindung kann aber als Konfliktursache wirken, weil es den Bewerbern nicht gelingt, den im Praktikum getesteten Berufswunsch zu realisieren,

- wenn eine ungewünschte Berufswahl getroffen werden musste oder
- die Informationen nicht ausreichten, sich ein treffendes Bild von den Bedingungen und Möglichkeiten des gewünschten Berufes zu machen, oder
- der Übergang vom behüteten System Schule in die Berufs- und Arbeitsrealität unerwartete Anpassungsprobleme zeigte.

Es gibt schwankende Entwicklungen, aber trotz solcher Schwankungen ist das Problem nach wie vor gravierend. Denn auch die Erfassung vorzeitiger Vertragslösungen ist zwar viel diskutiert, aber grundlegende Begriffe der Abbruchs-

---

236 Vgl. Bohlinger, Sandra, 2003, Ausbildungsabbruch im Handwerk, Bielefeld.
237 Vgl. ebenda, S. 27.

forschung wurden bislang nicht eindeutig definiert. Es gibt zahlreiche Missverständnisse und Unklarheiten in Bezug auf Abbruch und Abbrecher.

Das hat zu einer Reihe von Forschungsdefiziten und Missverständnissen geführt, denn viele als Abbrecher erfassten Jugendlichen münden nicht in die Arbeitslosigkeit, wie oft unterstellt wird. Nur für ca. ein Drittel aller Vertragslösungsfälle bedeutet die Lösung, dass die Jugendlichen ihre berufliche Qualifizierung ganz aufgeben. In den übrigen Fällen wird entweder ein Ausbildungsplatz- oder ein Betriebswechsel angestrebt; wird ein Studium oder eine vollzeitschulische Ausbildung aufgenommen.[238]

Da Ausbildungsabbrüche nur selten Entscheidungen ad hoc sind, dürfte dem Abbruch der Ausbildung ein engerer Konflikt vorausgehen, an dem zahlreiche Faktoren beteiligt sind. Das Problem des ungewünschten Berufsbildungsabschlusses wird – von beiden Seiten – dadurch zu lösen versucht, dass der neue Ausbildungsberuf trotz allem beibehalten wird. Erst wenn im Laufe der Zeit Divergenzen entstehen, die ein Gewicht annehmen, führen die ursprünglichen Gründe letztlich zu einem Ausbildungsabbruch. Wobei wir davon ausgehen, dass es gerade in solchen Fällen berufsspezifische Unterschiede gibt.

Dass solche Versuche stattfinden und Anpassungsprozesse versucht werden, hat mit den Interessen beider Beteiligten zu tun, denn nicht nur für die Auszubildenden bedeutet ein Ausbildungsabbruch zeitlichen und finanziellen Verlust, sondern auch für die Betriebe kann ein Abbruch hohe Fluktuations- und Personalkosten mit sich bringen.

---

238 Vgl. ebenda, S. 28; 29 f.

Ausblick

Der Anlass zu diesem Buch lag darin, dass die Berufsorientierung trotz steigender Bemühungen offenbar wenig effektiv ist – oder anders ausgedrückt: effektiver werden sollte. Auch wenn in den letzten Jahren zahlreiche Programme, Aktivitäten und Agenden zur Unterstützung von Jugendlichen bei der Einmündung in die Berufs- und Arbeitswelt initiiert und mit Erfolg realisiert wurden, bleibt weiterhin Handlungsbedarf, den Hellpach in der Schulkonferenz von 1927[239] mit dem Dreischritt: Berufseignung, Berufsneigung und Berufsaussicht von den Schulen eingefordert hatte. Dennoch bleibt die Unterstützung von Jugendlichen bei ihrer beruflichen Orientierung und Planung ein dringliches Handlungsfeld, denn immer noch – nicht nur bei den Jugendlichen so genannter „Problemgruppen" – sind Probleme bei der Einmündung in die Berufs- und Arbeitswelt Realität, die die Gefahr in sich tragen, zum Ausbildungsabbruch und damit für alle Beteiligten zum Verlust von Ressourcen zu führen.[240]

Unsere Analyse zum Auffinden von Defiziten begann mit den systemischen Konflikten und Defiziten. Eltern, Schulen und die Angebote der Agenturen für Arbeit waren für unsere Arbeit die drei zentralen Stellgrößen, die die berufliche Orientierung und Planung der Jugendlichen unterstützten und beeinflussten. Zwischen diesen Stellgrößen herrschte – so postulierten wir – kein spannungsfreier Zustand.

Wir wollten den elterlichen Einfluss bei der Berufsorientierung und der Berufswahl in seiner prägenden und beeinflussenden Wirkung nicht unterschätzen. Für unsere Arbeit sollte der Berufswunsch bei den Jugendlichen durch den Einfluss der Eltern schon vor allen anderen Bemühungen, also vor Schule und Arbeitsamt in den Prozess der beruflichen Orientierung geprägt gewesen sein. Den Eltern fehlen zwar noch immer spezifische Kenntnisse über Berufe und Ausbildungen und sie verfügen auch bisher kaum über entsprechendes institutionelles Wissen, sie unterstützen ihre Kinder jedoch besonders durch emotionale Zuwendung. Trotz der Zurückhaltung, die Eltern überwiegend im Rahmen ihrer Beratung auch während unserer Arbeit übten, war ihr Einfluss „nicht zwangsläufig frei von Erwartungen".[241] Den Eltern ist eben mehrheitlich immer noch in ihrer Zurückhaltung nicht gleichgültig, welchen Weg ihre Töchter und Söhne zukünftig gehen. Damit stärken sie beim steigenden Einfluss der betreffenden Institutionen die für eine Berufswahlentscheidung erforderliche Verhaltens-

---

239 Wir haben auf Hellpachs Versuch ausführlich im Kapitel „Historische Entwicklung der Berufsorientierung in der Schule" hingewiesen.
240 Beinke, Lothar (2001), Berufsorientierung – eine Forderung ... a.a.O.
241 Maschetzke, Christiane (2009), a.a.O., S. 193.

sicherheit, die den Jugendlichen die Möglichkeit gibt, ihre Entscheidung als selbständig zu vertreten. Maschetzke[242] gibt einen weiteren Hinweis. Nach der umfassenden Untersuchung „Abitur – und was dann?" sind fast alle Wünsche von Eltern und Jugendlichen deckungsgleich.

Die Integration der Eltern in einen Kooperationskreis – bestehend aus Schule, Arbeitsamt und Eltern – ist weiterhin von grundlegender Notwendigkeit, wenn der Prozess der beruflichen Planung und Orientierung von Jugendlichen weiter optimiert werden soll. Kooperationen beginnend im „letzten Schuljahr" – so zeigt es sich – setzen zu spät an. Immer noch haben Kooperationen zwischen den drei Hauptakteuren Seltenheitswert. Es fehlen geeignete Konzepte, denen es gelingt, eine Bündelung der jeweiligen Stärken der einzelnen Akteure einzubringen. Organisierte Formen der Zusammenarbeit als Regelwerk gibt es kaum, Alternativen von ähnlichem Stellenwert sind noch zu prüfen. Deshalb haben wir diese Zusammenfassung zu einem System vorgelegt.

Mit der Analyse der Defizite in der schulischen Betreuung und deren Unterstützung von Jugendlichen beim Übergang von der Schule in den Beruf wurde die Arbeit der Lehrer in den Blick genommen, die den Berufswahlprozess ihrer Schüler unterrichtlich in Zusammenarbeit mit Berufsberatern nach einer Vorstellung begleiten sollen. Sie haben im Urteil ihrer Schüler immer noch kaum Kompetenzen in dieser Thematik. Dieses Thema der beruflichen Orientierung überfordert die meisten Lehrer. Sie finden auch aus eigener Initiative keine Lösung. Auf Defizite in diesem Bereich reagierten sie häufig mit Resignation. Zur Abwehr von Verantwortung scheinen sie auch heute noch alle Kompetenzen für Berufswahlfragen im Berufsberater zu sehen. Dieser Umstand wird zusätzlich beschwert durch die Tatsache, dass gegenwärtige Prozesse im Arbeits- und Beschäftigungssystem grundlegend neue Verhältnisse offenbaren, auf die die Schüler und Schülerinnen nicht in angemessener Weise vorbereitet werden.

- Die meisten Auszubildenden werden nicht mehr in einem verfestigten Berufssystem nach der Ausbildung ihren festen Platz finden, das wird auch durch die demographische Entwicklung kaum gemildert. Die Berufsausbildung und die daran anschließende Berufstätigkeit als lebenslange Statuszuweisung geht verloren. Die Berufsausbildung wird immer mehr zur Vorschule der Weiterbildung.[243]
- Der Lebensberuf wird zunehmend zu einer Erwerbskarriere mit vorübergehend ausgeübten Tätigkeiten mutieren. Relativ stabile Arbeitskarrieren nehmen im Zeichen ökonomischer Globalisierung ab, es formen sich neue Patchwork-Biographien, die mit den Anforderungen von lebenslangem

242   Ebenda, S. 202.
243   Eberhard Jung (2000), Arbeits- und Berufsfindungskompetenz, a.a.O., S. 94 f.

Lernen und von fortwährendem beruflichem Disponieren verbunden sein werden.[244]

Die positive Bewältigung von arbeits- und berufsbezogenen Übergängen ist zu einem Schlüsselfaktor innerhalb einer Erwerbskarriere geworden. Entscheidend für den beruflichen Entwicklungspfad ist der erste Schritt in das Berufsleben. Es ist bedenklich, dass bisherige Aktivitäten und Handlungsausrichtungen der Schulen auf eine Vermittlung von Kernkompetenzen weitgehend verzichtet haben und die neuen Bedingungen auf den Arbeitsmärkten nicht oder nicht ausreichend bearbeitet werden. Ein nachhaltiges Programm zur positiven Bewältigung des Übergangs von der Schule in den Beruf existiert noch nicht. Das System Bildung wird zunehmend von der Dynamik des Wandels überrollt. Es stehen keine entsprechenden Curricula zur Seite, die berufliche Planung und Orientierung nachhaltig befördern könnten.

Berufliche Orientierung und Planung, einschließlich der Berufswahl sind Aspekte des Sozialisationsprozesses. Jugendliche sind in besonderer Art und Weise von der ersten beruflichen Sozialisation betroffen. Für sie ist gerade heute der Übergang von der Schule in den Beruf ein Systemwechsel. Mit umfangreichen Lernprozessen müsste der Übergang von der Schule in den Beruf möglichst reibungsfrei und effizient gestaltet werden. Was Jung bestreitet, gilt noch immer, „es konstituiert sich eine Wechselbeziehung individueller Dispositionen und gesellschaftlicher Anforderungen und erfordert eine angemessene Auseinandersetzung mit den eigenen Fähigkeiten, Interessen, Wertorientierungen und Lebensentwürfen, sowie mit den Inhalten und Anforderungen, Chancen und Risiken von Arbeitstätigkeiten, Berufen und Arbeitsmärkten. Der als Berufswahl bezeichnete Prozess kann als umfassender Lernprozess verstanden werden, in dem Informationen erworben, verarbeitet und umgesetzt werden."[245] [246]

Ein Vernachlässigen dieser schulischen Unterstützungsleistung bestärkt individuelle berufliche Fehlentscheidungen und Fehlplanungen der Jugendlichen und wird zu Krisensituationen und Überforderungen führen. Abbrüche der Ausbildung, aber auch Verlängerung der Schulbesuchszeit, die mit Weiterqualifizierung unzulänglich begründet wird, wird ohne konkrete berufliche Orientierung angegangen. Unzureichende Abschlüsse bei unrealistischen Berufswünschen, zu

---

244 Ebenda.
245 Ebenda, Arbeits- und Berufsfindungskompetenz S. 93.
246 Jüngere Forschungsergebnisse weisen darauf hin, dass dieser Prozess den Schülern kaum Chancen gibt, Kenntnisse über die institutionelle und personelle Strukturen und Haltungen zu erwerben, mit denen sie konfrontiert werden. Das betrifft auch und gerade die Funktion und Person des Ausbilders – Beinke, Lothar (2009), Berufsvorbereitung ..., a.a.O.

hohe Erwartungshaltungen beim beruflichen Einstieg sind typische Merkmale für ein nicht kompetenzorientiertes Heranführen an das Arbeits- und Beschäftigungssystem, dem leistet die Berufsorientierung, ohne dass sie als System erfasst wird, weiterhin Vorschub. Sie führt zur verfehlten Berufswahl, „... die auf fehlende, falsche oder missverstandene Information vor Beginn der Ausbildung zurückzuführen sind (falsche Berufsvorstellungen, Verdienstmöglichkeiten, Ausbildungsdauer)."[247]

Was wir in den Einführungen zu diesem Buch gefordert haben, dass eine verfehlte Berufswahl dazu auffordern sollte, dass sowohl den jungen Menschen als auch den Betrieben für die Zukunft geraten wird, sich der Berufswahlproblematik früher anzunehmen, gilt besonders.

Zentral für unser Buch war die Ermittlung der oben genannten Diskontinuität und die Unterstützung – oder fehlende Unterstützung – durch Berufsberater und Schule einschließlich der Praktika. Das Ziel ist, die Realität der Berufswelt besser erkennen zu können, als es die Schule allein vermöchte. Dabei haben wir keine Kausalitäten, sondern Korrelationen herauszuarbeiten versucht.

Die Forderung nach einer rationalen Berufswahl wird allein deshalb zunehmend unhaltbar, weil es immer weniger Jugendlichen gelingt, den mit rationalen Argumenten gefundenen Berufswunsch zu realisieren. Wie weit die Rationalität bei der Berufswahl in zurückliegenden Epochen eine große Rolle gespielt hat, bezweifelt auch Karlwilhelm Stratmann.

Wir haben die Frage an einigen der wichtigsten Ratgeber für die Jugendlichen untersucht, die sich als stabile und verlässliche Faktoren erweisen. Deshalb wiederholen wir sie hier:

1. *Eltern und Freunde*
   Ihre Beratung ist emotional aus der Lebenserfahrung und der gleichen Entscheidungslage abgeleitet.
2. *Das Betriebspraktikum*
   Seine Erfolgsmöglichkeiten basieren auf
   – den objektiven – sichtbaren, hörbaren und abrufbaren – Vorgaben des jeweiligen Betriebes und der dort gegebenen Einsetzbarkeit;
   – dem Betriebsinteresse an der Weitergabe von Informationen und dem Engagement für die Berufsausbildung;
   – den subjektiven Fähigkeiten und Motivationen der Praktikanten.

---

247 Bohlinger, Sandra (2002), a.a.O.S. 30.

3. *Die Lehrer*

Ihre Erfolgschancen hingen von ihren eigenen Kenntnissen – sowohl aus ihren Fachqualifikationen z.b. in den Fächern Arbeitslehre, Technik oder Wirtschaft, als auch individuelle Kenntnisse z.b. aus früherer entsprechender Berufstätigkeit ab und von ihren Weiterbildungsmöglichkeiten und -initiativen und den Abhängigkeiten der jeweiligen Schulorganisation.[248]

4. *Der Bundesagentur für Arbeit, darin die Berufsberater*

Diese Ratgeberinstitution ist getrennt nach der Tätigkeit der Berufsberater, den herausgegebenen Printmedien und den Berufsinformationszentren zu behandeln.

a) *Die Berufsberater*

Ihr Rationalitätsgrad ist in aller Regel hoch. Die Qualität der Beratung wird von den Probanden überwiegend skeptisch eingeschätzt. Ein OECD-Gutachten bescheinigt ihnen – im Gegensatz zur obigen Einschätzung – ein geringes Maß an Rationalität. Ein Problem gibt es aus der streng fachlichen Struktur aus der Zeitbudgetierung, die dem einzelnen Ratsuchenden eingeräumt wird und von der langfristigen Planung des Einsatzes abhängt.

b) *Die Printmedien*

Ihre fachlich/sachliche Qualität, die nicht bei allen Produkten gleich hoch ist (das wird dann mit Schülergemäßheit von Sprache und Design entschuldigt), spricht für den Versuch, durch rationale Argumentation der Gedankenführung den Wunschberuf finden zu können. Sie bedürfen – bis auf die simplen Werke – der schulischen Bearbeitung. Damit steigt der Rationalitätspegel sowohl dieser Schriften als auch die Arbeit der Lehrer.

c) *Die Berufsinformationszentren (BIZ)*

Sie sind unter den Informationsmöglichkeiten der BA die besonders stark frequentierten. Ihre Wirkung basiert auf der Organisation, vom Aufbau und der Struktur her auf Rationalität. Die Nutzungsbedürfnisse der Einrichtung sind bisher – sie sind ja erfolgreich – nur begrenzt erforscht und die Benutzerhaltung kaum erfasst. Z.B. scheinen durchaus gute Ansätze ihre Wirkung zu verfehlen, wenn die Jugendlichen die anwesenden Hilfskräfte der Agentur für Berufsberater halten. Der Erfolg hängt von dem jeweiligen Bemühen ab. Insofern ist ihre Wirkung derjenigen einiger Praxistage zu vergleichen.

---

248 Hierunter sind sowohl Schulformen, Schulschwergewicht als auch schulspezifische Interessen zu verstehen.

Die wichtigsten Berater – das zeigt unsere Synopse – sind im Zweifel weniger bereit und in der Lage, nach rationalen Kriterien ihre Ratschläge und ihre Informationen vorzulegen. Die Eltern und auch beteiligte andere Verwandte und die Freunde sind keine Fachleute für eine Beratung in Berufswahlfragen. Wer ihnen aber vorwirft, sie berieten ihre Kinder nicht fachgerecht, vielleicht gar falsch, verkennt, dass die Beziehung zwischen Eltern und ihren Kindern, dass die familiale Sozialisation insgesamt, kein Unterricht zum Thema ist oder sein soll. Wenn die Jugendlichen dennoch – durchaus im Bewusstsein, dass der Kenntnisstand von Vater oder Mutter für eine objektive Beratung lückenhaft ist – die eigenen Eltern als für sie verlässliche Partner und emotionale Unterstützer einschätzen, mit denen man anders und Anderes reden kann als mit einem Lehrer oder Berufsberater, und das konstant über alle Erhebungen in den letzten Jahren, dann ist es ein Fehler, hier keine Kompetenzen zum Thema Berufswahl zu finden. Dass dabei die Rationalität nicht untergeht, zeigt die Tatsache, dass sich viele Eltern um Auskunft, Verbindungen und Unterstützung gezielt bemühen. Die finden sich in der Bereitschaft, Bewerbungen zu unterstützen, Kontakte zu knüpfen oder auch z.T. detaillierte Informationen in der eigenen Arbeitswelt zu beschaffen. Vielleicht darf man sagen, dass Eltern wichtige Partner sind, weil sie nicht mit einer rein rationalen Entscheidung ihrer Kinder rechnen.

Die Betriebspraktika und ihre Wirkung auf die Entscheidungsfähigkeit der Praktikanten sind rational, wenn sie und dort wo sie – beginnend mit der Planung, dem Aufbau der Struktur und der Reflexion im Abschlussbericht – den Teilzielen noch von Rationalität bestimmt waren und bestimmt sein müssen.

In den Phasen, in denen der Jugendliche im Prozess der Erkundung, des Mittuns, der Berücksichtigung eigener Interessen, der Aufnahme von Gesprächen, der Nutzung von Pausen und der „Zeit – danach" weniger bis kaum von der Organisation umfasst wird, tritt die Emotionalität vor die Rationalität. Ein Verhältnis beider zueinander ist nicht bestimmbar.

Der Lehrer nutzt seine Professionalität im Unterricht nicht für die Individualität des Einzelschülers. In diesem Fall bleibt seine „Beratung" durch Rationalität definiert. Verlässt er den Bereich des Unterrichts und den seiner Sachkenntnis, schwindet der Anteil von Rationalität an seiner Aktivität und Emotionalität, Empathie und Individualität, wie sie bei den Eltern letztlich am besten realisiert werden kann, steigen dagegen.

Der Gesamtkomplex der amtlichen Berufsberatung durch die Bundesagentur für Arbeit ist nach wie vor sowohl intentional als auch funktional als System mit hoher Rationalität zu beurteilen.

Literaturverzeichnis

Abel, Heinrich (1968):
   Beruf und Berufsweg in der Diskussion, in: Stratmann, Karlwilhelm
   (Hg.), Ausgewählte Aufsätze, Vorwort von Hans-Hermann Groothoff,
   Braunschweig
Agentur für Arbeit (2001)
   Internet-Seite zu Veranstaltungen im Berufsinformationszentrum
Albert, Hans (1987):
   Kritik der reinen Erkenntnislehre, Tübingen
Ausubel, David P. (1979)
   Das Jugendalter, 6. Aufl. (1. übersetzte Auflage 1968), München

Baethge, Martin / Baethge-Kinsky, Volker (1998)
   Jenseits von Beruf und Wirklichkeit?, in: MittAB 3 / Jg. 31.
Barsickow, Heinz Joachim (1998)
   Berufswahlorientierung in der Handelsschule, in: Wirtschaft und Gesell-
   schaft im Beruf, 23/1998/5, S. 180 - 183
Beicht, Ursula / Friedrich, Michael / Ulrich, Joachim Gerd (2008)
   Ausbildungschance und Verbleib von Schulabsolventen in Zeiten eines
   angespannten Lehrstellenmarktes, BIBB (Hg.), Bonn, 261
Beinke, Lothar (2011)
   Berufswahlschwierigkeiten und Ausbildungsabbruch, Frankfurt
ders. (2010)
   Patenschaften in der Berufsorientierung, in: Wirtschaft und Erziehung,
   Heft 5, Jg. 62, S. 142-147
ders. (2009)
   Berufsvorbereitung und Berufseinstieg, Frankfurt
ders. (2008)
   Der Einfluss der Eltern und der peer-groups, in: Jung, Eberhard (Hg.),
   Zwischen Qualifikationsmangel und Marktenge, Hohengehren, S. 131-
   144
ders. (2008)
   Das Internet – ein Instrument zur Berufsorientierung Jugendlicher?,
   Frankfurt
ders. (2008)
   Helfen Praxistage bei der Berufsorientierung?, Frankfurt
ders. (2006)
   Berufswahl und ihre Rahmenbedingungen, Frankfurt

ders. (2004)
> Berufsorientierung und Peer-groups, Frankfurt

ders. (2001)
> Berufsorientierung – eine Forderung an ‚Schule und Berufsberatung unter Berücksichtigung des Elternengagements', in: Schlösser, Hans Jürgen (Hg.), Berufsorientierung und Arbeitsmarkt, Bergisch Gladbach

ders. (1992)
> Berufswahlunterricht, Bad Heilbrunn

ders. (1988)
> Berufswahlunterricht und Selbstinformation, in: Wiegand, U., u.a. (Hg.) ders., Bad Honnef

ders. (1987)
> Zusammenarbeit zwischen Berufsberatung und Schule und Das Betriebspraktikum im Rahmen der Berufsorientierung, in: DBA 3-4/1987

ders. (1980)
> Das Betriebspraktikum, Bad Heilbrunn

ders. (1978)
> Diskussion um die Lernorte, in: Beruf + Bildung, Heft 9, 26. Jg., S. 6-8

ders. (1971)
> Die Handelsschule – eine bildungssoziologische Analyse, Düsseldorf

Bell, Daniel (1975 deutsch; 1973 amerikanisch)
> Die industrielle Gesellschaft, Frankfurt; The Coming of Post-Industrial Society, New York

Berge, Susanne / Piltz, Matthias (2012)
> Vorberufliche Bildung in Curricula und Unterrichtsalltag, Befunde aus einem EU-Projekt, S. 114 – 127, in: Retzmann, Thomas (Hg.) Entrepreneuship und Arbeitnehmerorientierung, Schwalbach/Ts.

Beyer, Otto W. (1897)
> Zur Geschichte des Zillerschen Seminars, Langansalza

ders. (1905)
> Handarbeit der Knaben, in: Rein, Wilhelm (Hg.), Enzyklopädisches Handbuch der Pädagogik, Bd. 3, S. 876-911, Langensalza

Blättner, Fritz (1960)
> Das Gymnasium, Heidelberg

Bohlinger, Sandra (2003)
> Ausbildungsabbruch im Handwerk, Bielefeld

dies. (2002)
> Ausbildungsabbruch – Forschungsstand eines bildungspolitischen Problemfeldes, in: Bohlinger, Sandra/Jenewein, Claus (Hg.), Ausbildungsabbrecher – Verlierer der Wissensgesellschaft?, Bielefeld

Brockmeyer, Johannes u.a. (2010) (Chronik)
Schulgründung: Berufsbildende Schulen des Landkreises Osnabrück in
Osnabrück – Brinkstraße (Hg.), 50 Jahre – 1960 bis 2010, Osnabrück o.J.
Buchhäuser, Hans-Peter (2005)
Berufsbildung, in: Hammerstein, Notker (Hg.), Handbuch der deutschen
Bildungsgeschichte, Bd. 2, München, S. 401-419
Buer van, Jürgen / Troitschanskaja, Olga / Höppner, Ivonne (2004)
Das Praktikum in der dreijährigen Berufswahlfachschule – Lernortkoope-
ration und Lernortkoordination? In: Euler, Dieter (Hg.), Handbuch der
Lernortkooperation Band 1, Bielefeld
Burkhard, K.-J. (2003)
Ökonomische Bildung und Politikunterricht in: Unterricht Wirtschaft,
Heft 15

Dauenhauer, Erich (1977)
Einführung in die Arbeitslehre, Pullach,
ders. (1974)
Arbeitslehre – eine didaktische Handreichung, Mainz
Dedering, Heinz (1994)
Einführung in das Lernfeld der Arbeitslehre, München/Wien
Dibbern, Harald (1979)
Berufswahlvorbereitung und Arbeitslehre unter Berücksichtigung von Be-
rufs- und Bildungsberatung, Bonn
Dibbern, Harald / Kaiser, Franz-Josef / Kell, Adolf (1974)
Berufswahlunterricht in der vorberuflichen Bildung, Bad Heilbrunn
Dörrhöfer, Walter (1933)
Die Geschichte des deutschen Vereins für werktätige Erziehung in den
ersten fünfzig Jahren seines Bestehens, Dissertation, München

Eckert, Manfred / Stratmann, Karlwilhelm (1978)
Das Betriebspraktikum, Köln
Ehrenthal, Bettina, u.a. (2005)
Ausbildungsreife – auch unter den Fachleuten ein heißes Eisen. Befra-
gung
Euler, Dieter (2004)
Lernortkooperation – eine unendliche Geschichte? In: ders. (Hg.), Hand-
buch der Lernortkooperation, Bd. 1, Bielefeld

Famulla, Gerd-E. u.a. (2008)
Berufsorientierung als Prozess, Hohengehren-Baltmannsweiler

Friedrich, Horst / Wiedemeyer, Michael (1998)
Arbeitslosigkeit – ein Dauerproblem, 3. Aufl. Opladen

Gaebel, Käthe (1927)
Die rechts- und landesgesetzlichen Grundlagen des Zusammenwirkens von Schule und Berufsberatung, in: Handbuch…,

Haas, Sybille (2012)
Die Zukunft der Arbeit, Rohstoff Wissen, München
Hecker, Ursula (2003)
Ausbildungsabbruch als Problemlösung?, in: sowi-online
Hedtke, Reinhold (1999)
Fahr'n, fahr'n, fahr'n auf der Datenautobahn? In: Gegenwartskunde, 4/1999, S. 497-507
Hellpach, Willy(1927)
Die Schule im Dienste der Berufserziehung und Berufsberatung, in: Handbuch Die Aufgabe der Schule auf dem Gebiet der Berufserziehung und Berufsberatung, Berlin
Hendricks, Wilfried (1978)
Arbeitslehre in der Bundesrepublik Deutschland, Ravensburg
ders. / Reuel, Günter / Ziehfuß, Horst (1984)
Arbeitslehre – Stand der Entwicklung aus Lehrersicht, Braunschweig
Hesse, Hans Albrecht (1972)
Berufe im Wandel, Stuttgart
Hirsch, Nele / Staack, Sonja (2007)
Alles bestens in der Berufsberatung. Auswertung auf die Antwort der Bundesregierung BT-Drs. 16/4462
Hopf, Barbara (1984)
Mein Traumberuf – Analyseergebnisse aus Schüleraufsätzen, in: DBA, Heft 3

Internationales Arbeitsamt (1939)
Empfehlung Nr. 57 (31) (Hg.) 1939
ipos (2002)
Jugendliche und junge Erwachsene in Deutschland, Berufsvorbereitung

Jahoda, Marie (1983)
Wieviel Arbeit braucht der Mensch?, Weinheim und Basel
Jeromin / Kroh-Püschel (1978)
Reduktion der Informationsreduktion von komplexen Entscheidungen, Mannheim

Jung, Eberhard (Hg.) (2011)
Bildungsziel Übergangsbewältigung: Begriff Kompetenztheoretische Ein-
bettung, Vermittlung in der beruflichen Bildung, nach Manuskript
ders. (2010)
Kompetenzerwerb, München
ders. (2000)
Arbeits- und Berufsfindungskompetenz, in: Schlösser, Hans-Jürgen (Hg.),
Berufsorientierung und Arbeitsmarkt, Köln
Justi, Johann Heinrich G. (1758)
Staatswirtschaft oder Systematische Abhandlung aller Oekonomischen
und Cameral-Wissenschaften, 2. Aufl. Leipzig, Bd. I

Kahsnitz, Dietmar (1986)
Funktion der Arbeitspraxis im Rahmen der Arbeitslehre, in: DBA 1/1986
Karmarsch, Karl (1872)
Geschichte der Technologie, 11. Bd. der Geschichte der Wissenschaften
in Deutschland, München
Kieferstein, Horst (1903)
Stichwort Berufswahl, in: Enzyklopädisches Handbuch der Pädagogik,
herausgegeben von W. Rein, Bd. 1, 2. Aufl., Langensalza, S. 561 – 563
Klieme, Eckehard, u.a. (2007)
Zur Entwicklung nationaler Standards-Expertisen, Bonn/Berlin
Klopfer, Bruno (1927)
Die berufspädagogische Aufgabe der allgemeinbildenden Schulen, in: Die
Schule im Dienst der Berufserziehung und Berufsberatung, Berlin
Kölzer, Caroline (2012)
Arbeit und Arbeitslosigkeit aus der Perspektive von Hauptschülerinnen
und -schülern, in: Retzmann, Thomas (Hg.), Entrepreneuship ..., a.a.O.
Krämer, Reinhard (2001)
Die Berufsberatung in Deutschland von den Anfängen bis heute – Eine
Historische Skizze, aus: ibv Nr. 16/2001
Kremer, Hugo / Zoyke, Andrea (2008)
Kompetenzdiagnostik als Basis individueller Förderung, Paderborn
Kretschmer, Winfried (1999)
Geschichte der Weltausstellungen, Frankfurt/New York
Krewerth, Andreas / Eberhard, Verena / Gei, Julia (2008)
BiBB-Expertenmonitoring Merkmale guter Ausbildung

Lazarsfeld, Paul (1931)
Jugend und Beruf, Jena

Machwirth, Eckart (1980)

    Die Gleichaltrigengruppe (Peer-group) der Kinder und Jugendlichen, in: Einführung in die Gruppensoziologie, in: Schäfers, B. (Hg.), Heidelberg

Maschetzke, Christiane (2009)

    Die Bedeutung der Eltern im Prozess der Berufsorientierung, in: Oechsle, Mechthild, u.a., Abitur – und was dann?, S.181 - 228, Wiesbaden

Moll, Andrea (2001)

    Was Kinder denken, Schwalbach/Ts.

Niedersächsisches Kultusministeriums (2011)

    Erlass zum Thema „Berufsorientierung an allgemein bildenden Schulen" vom 01.12.2011 – 32-81431-VORIS 22 410

Nohl, Hermann (1988)

    Die pädagogische Bewegung in Deutschland und ihre Theorie, 4. Aufl., Frankfurt

Pache, Oskar (1904)

    im Art. Arbeitsschulen, Encyklopädisches Handbuch der Pädagogik, Bd. 1, hrsg. von W. Rein, 2. Aufl.

Päßler, Katja / Hell, Benedikt / Schuler, Heinz (2002)

    Grundlagen der Berufseignungsdiagnostik und ihre Anwendung auf den Lehrerberuf, in: ZfPäd. 57/2002/5, S. 639 ff.

Pätzold, Günter (2008)

    Übergang Schule – Berufsausbildung, 2. Aufl., Wiesbaden

Pazaurek, Gustav E. (1919)

    Geschmacksverirrungen im Kunstgewerbe, zum Thema Geschmacksbildung und Qualitätsverbesserung, 3. Aufl.

Prager, Jens U. / Wieland, Clemens (2005)

    Jugend und Beruf, Gütersloh

Sarigöz, Salige / Peschner, Jan / Acker, Christoph (im Erscheinen)

    Bildungsstellen bis zum Berufsabschluss (Arbeitstitel), Exposé für das Handbuch: Übergang von der Schule in die Ausbildung

Scharmann, Theodor (1968)

    Die individuelle Entwicklung in Arbeit, Beruf und Betrieb, in: v. Friedeburg, L., Jugend in der modernen Gesellschaft (Hg.), Köln/Berlin

ders. (1956)

    Arbeit und Beruf, Tübingen

Schiffler, Karl / Winkler, Rolf (1985)

    1000 Jahre Schule, Stuttgart/Zürich

Schmidt-Köhnlein, Kristina (2010)
  Institutionen und Interaktionen auf dem Ausbildungsmarkt – Eine institu-
  tionen-ökonomische Analyse und theoretische Neubestimmung der Be-
  rufsorientierung, Berlin
Schober, Karen (2001)
  Berufsorientierung im Wandel, Sowi online
Schudy, Jörg (2008)
  Berufsorientierung als Querschnittsaufgabe aller Schulstufen und Unter-
  richtsfächer, in: Jung, Eberhard (Hg.), Zwischen Qualifikationswandel
  und Marktenge, Hohengehren
Schulze, Gerhard (1996)
  Die Erlebnisgesellschaft, 6. Aufl., Frankfurt/New York
Seifert, Karl Heinz (1982)
  Die Bedeutung der Beschäftigungsaussichten im Rahmen des Berufs-
  wahlprozesses, in: Sonderdruck – Mitteilungen aus der Arbeitsmarkt- und
  Berufsforschung (Kurzfassung) 15/1982/1
Spilker, Rolf (2006)
  Von der Industrialisierung bis zum Ende des 1. Weltkrieges, in:
  Steinwascher a.a.O., S.445-640, Belm bei Osnabrück
Steffens, Heiko (1975)
  Berufswahl und Berufswahlvorbereitung, Ravensburg
Stehr, Nico (1994)
  Arbeit, Eigentum und Wissen: Zur Theorie von Wissenschaften, Frankfurt
Stockmar, Gottfried / Langer, Tobias (o.J.)
  Ohnmacht und Kraft individueller Freiheit, Homepage pdf
Stratmann, Karlwilhelm (1967)
  Die Krise der Berufserziehung, Ratingen
ders. (1966)
  Berufsorientierung als pädagogisches Problem, in: Zeitschrift für Pädago-
  gik, S. 570-584
Straubhaar, Thomas H.
  Die Stadt macht die Menschen erfinderisch, Frankfurter Allgemeine
  Sonntagszeitung Nr. 22

Wählisch, Birgitt (2004)
  Motive für die Wahl des Ausbildungsbetriebes, in: Jasper, Gerda /
  Wählisch, Birgitt (Hg.) Wettbewerb um Nachwuchs und Fachkräfte, Meh-
  ring
dies. (2002)
  Projekt GENIA Internet 2002

Weiß, Reinhold (1982)
Abbruch der Berufsausbildung, Köln

Wilhelm, Theodor (1974)
Die Überlieferung der egalistischen Arbeitspädagogik, der Beitrag Kerschensteiners zum Thema Jugend in Schule und Beruf, ein Beitrag in: Theodor Scharmann (Hg.), Schule und Beruf als Sozialisationsfaktoren, 2. Aufl.

Wilke, Gerhard (1998)
Die Zukunft der Arbeit, Bonn.

Wollenweber, Horst (Hg.) (1979)
Die Realschule Bd. 1+2, Begründung und Gestaltung, Unterricht und Bildungsgänge, Paderborn u.a.

Zabeck, Jürgen (1974)
Die kritische Phase der Berufsbildungsreform, nähere Bedeutung für die Revision des pädagogischen Selbstverständnisses von Betrieb und Schule, in: WuE, 12/1974

www.ingramcontent.com/pod-product-compliance
Lightning Source LLC
Chambersburg PA
CBHW050532190326
41458CB00007B/1755